龍馬の遺言

近代国家への道筋

小美濃清明

藤原書店

はじめに

大航海時代は十五世紀半ばから十七世紀半ばまで、ヨーロッパ人によって大型帆船が建造され、地球地図が細密に仕上げられていった時代である。

そして、蒸気機関の発明によって、汽船が造られ、時間的に地球地図は小さくなっていった。大西洋を中心にしていた世界動向はインド洋から太平洋へと移っていった。

極東に位置する日本へは情報が長崎出島を通して徳川幕府に伝えられていたが、積極的な対策はとられなかった。

イギリスによる植民地化は中国にまで及び、日本では少数の知識人によって警鐘が鳴らされることになった。

その警鐘によって、若い活動家たちが立ち上がり、国家体制を変革させる運動へと導いていく。この若い人々を「志士」という。

その志士の中でも、ひときわ目立った行動をしたのが、坂本龍馬という男である。

坂本龍馬は土佐藩の郷士御用人の次男として生まれた。家族の皆が、和歌を詠むような豊かな教養を身につけた人たちだった。

実際に龍馬に会った人が語る龍馬の印象は、落ち着いた人物で、見識があり、威厳があったという。

本書では、六章それぞれに、あまり知られていない龍馬の実像を、記録を基に描いてみた。

龍馬は幼い頃から外国へ行ってみたいという、好奇心の強い少年であった。

生まれ育った高知城下の上町《かみまち》は、商人、下級武士、職人、医者などが混在する町だった。こうした人々との接触の中で、武士階級以外の人たちとのつき合い方を学んでいった。

それは自然に、平等思考を身につけていったことに他ならない。

豪商才谷屋から分れた坂本家には、商人の血が流れており、鋭い経営感覚が龍馬にはある。

スペンサー銃ビジネスの中には、龍馬の武器に対する鋭い感覚と、海援隊を組織する経営者の判断が表われている。三岡八郎（由利公正）との国家構想の中には、財政という視点から、新政府を見ている龍馬の先見性が見えてくる。

龍馬は、平等思考、経済感覚、軍事指導力、国家構想力を兼備した、幕末の近代人といえるのではないだろうか。

本書では先ず、第一章「幼馴染みが語る龍馬」には実際に龍馬に会った安田環《たまき》という老女の証言から、あまり喋らず、落ち着いた人物という龍馬の人間像を追っていく。

第二章「一枚の世界地図から始まった」では幼少の頃から外国に行きたいと言っていた龍馬像を掘りおこしていく。

第三章「刀を通して龍馬を見る」では龍馬の唯一の趣味、日本刀鑑定から見えてくる、龍馬の内面を探っていく。

第四章「龍馬はなぜ三舟と会ったのか」では、今まであまり知られていない、幕末三舟――勝海舟・山岡鉄舟・高橋泥舟に会っている事実をとりあげている。

第五章「龍馬はスペンサー騎兵銃を撃っていた」ではスペンサー七連銃を長崎で撃ってみて、その性能に驚き、輸入し、土佐藩に装備させようとする龍馬を追っていく。

第六章「龍馬と三岡八郎の新政府財政構想」では、新政府の財政に苦慮する龍馬と三岡八郎がどのような構想をねったかを追い、龍馬暗殺後、遺言となった「江戸の銀座を京都に移せ」という計画を、三岡、小松帯刀が実行していく姿を史料から浮び上らせる。

この六つの章から、坂本龍馬の実像が浮び上ってくるはずである。

第一章から第六章まで、それぞれに独立しているので、どの章から読んでも理解できるはずである。

また、各章で重複する記事が書かれている箇所がある。これは各章が独立しているためであり、煩雑になりますがお許し下さい。

小美濃清明

龍馬の遺言　目次

龍馬の遺言

——近代国家への道筋

第一章　幼馴染みが語る龍馬

一

昭和三（一九二八）年五月二十七日、高知市の桂浜に坂本龍馬の銅像が完成した。この日、朝日新聞記者で高知出身の藤本尚則《なおのり》氏が安田環《たまき》という老女にインタビューしていた。後で分ったのだが、環は弘化二（一八四五）年十二月二十九日生まれなので、当時八十三歳である。環は翌年五月二十五日に死去しており、ちょうど亡くなる一年前に、坂本龍馬について取材をうけていたことになる。

〈銅像除幕式当日、八十五《ママ》歳でなお矍鑠《かくしゃく》たる安田たまき刀自《とじ》「浜田真潮《ましお》翁の令姉」は、高知市潮河《ママ》天神橋南詰の家で、老の眼に悦《よろこ》びの色をたたえて「きょうは龍馬さんが銅像になって土佐へお帰りになる日ぢゃそうで……」と、感慨をこめて次の通り昔語りをした。

龍馬さんのお父さんと、わたしの父と、親しい友人でしたので、従ってわたしの実兄英《ママ》馬と龍馬さんとは、ごく親しい交りをしていました。

当時龍馬さんの邸《やしき》は本丁一丁目の今の金子さんの所で、水道町《ママ》まで突き抜けて広い屋敷でした。龍馬さんは、赤石《あかいし》のわたしの家へも時々遊びに来て、わたし達もよく本丁まで出

安田環（1845–1929）

かけたもので、兄とは、築屋敷の日根野道場へも一緒に稽古に行って居りましたし、「オンシが、オラが」の交際でした。龍馬さんは、六尺豊かの大男で、優男《やさおとこ》のように世上には伝えられていますが、背丈は中位で、色も黒く、決してトント（土佐で美少年の方言）の方《ほう》ではありませんでした。

髪は当時の若い侍の間に流行していた結《ゆ》い方とは違って、たしか総髪で、それが烈しい撃剣《げきけん》修行のため、縮れ上っていました。刀はいつも短いのを、落し差しにしていまして、一寸見《ちよつとみ》には、差しているやら、いないやら判らぬ位で、肩も撫で肩で、左肩が少し上っていました。

当時の若侍の気風とは、何処か違う所があって、エラたがらず、威張らず、温和《おとな》しい人で、それでいて見識の高い人でした。

姉の乙女さんは、龍馬さんとは反対に、身体も大きく、肩も張って、ほんとうの女丈夫で、三十を過ぎてから、男を持っていては自由に身が振れんと云って嫁入り先から帰って来た程の変った人で、絶えず懐鉄砲《ふところでっぽう》（ピストル）を懐中にし、薙刀《なぎなた》も盛んに稽古をして、わたし達にも、やって見ぬかとすすめられました。龍馬さんとはよく坐《すわ》り相撲《すもう》をやったものでした。

こうした女丈夫を姉に持った関係から、龍馬さんも姉さんに激励される所が多かったろうと思います。昨夜（二十六日）が丁度吉田元吉さんが帯屋町で殺された日に当りますから、それから四五日して龍馬さんは脱藩したのぢゃないかと思います。

高知を脱藩してから二日経って後に、兄の権平さんが私の方へ来て、兄に
「英馬《ママ》、オンシの家へ刀を持って来ちょりやせんかネヤ」

と、権平さんが大切にしておった刀の詮議に来られましたが、兄が
「来ちゃおらん」

と、云うと「それぢゃア、どうも龍馬がおととい家《うち》を出たきり帰って来んが、脱藩したらしい。人を雇うて詮議すると、須崎で、油紙に刀らしい物を包んで背中に負うた龍馬の姿を見た人があるそうぢゃが、それから先のことは判らんキニのう」

と、権平さんは語っていました。その時私は十七歳でした。

龍馬さんが京都で殺されてから思い出したことですが、或日のこと、道場から帰ったわたしの兄が、母に向って、

「きょう始めて見たが、龍馬の左の腕に五寸廻りもある大きな黒子《あざ》がある」

と、語ったが、母はこれを聞くと、急に眉をひそめて
「可愛そうに、龍馬さんも、それでは剣難の相がある……」

と、云って、その後母は非常にその事を心配していましたが、果して龍馬さんは人手に斃れました。今日銅像の除幕式があるそうで、わたしは六十三年目に龍馬さんが土佐へ帰って来たような気持がします。銅像の写真を見ましたが、顔の工合と云い、眉や、刀の差し工合といい、本人そっくりです。云々〉

藤本尚則氏は安田環を浜田真潮翁の令姉とこの記事で紹介しているので、環の旧姓は浜田で、弟が浜田真潮、兄が浜田英馬《ママ》で赤石に住んでいたと分る。

この記事は藤本尚則著『青年坂本龍馬の偉業』（敬愛会刊）に掲載されている。そこで朝日新聞東京本社広報室に藤本氏について記録を調べていただいたが、昭和四十五年、八十二歳で死去されていた。本人から安田環にインタビューした経緯について伺うつもりだったが実現し

なかった。

環は昭和三年高知市の潮江《うしおえ》天神橋南詰に住んでいたので、知人の高知新聞社会部の谷是《たにただし》氏にご協力を頼み、高知新聞社史料室を使用させていただき「潮江町・上町塩屋崎方面・現住者名図」（昭和三年六月現在）の地図を見つけだした。天神橋南詰・四〇七二番地に安田と記載されていたので藤本尚則氏の記事は信憑性が高いと判断した。

そして、偶然だが谷是氏が潮江四一一二番地に古くからお住いだったので、谷是氏のご母堂・谷豊《たにとよ》さんに問い合せたところ、安田環を見知っていた。早速、ご母堂に会い、環について話をうかがった。

谷豊さんの話

〈私の高知師範女子附属小学校の同級生に安田さんという人がいました。この人のお母さんは、シンガーミシンの教師を上町二丁目でしていましたが、友人はそこから通っていました。その当時ミシンの草分けの時代で、珍らしいもので、しっかりしたお母さんでした。その方（同級生）の祖母が天神橋の南詰におりました。その人が安田環さんでしょう。それで、私が谷の家へ高知市三の丸の西内家から天神町へ嫁に来たとき、友人もお祖母さんの家に来ていて、「まあ、ここへお嫁にいらっしゃいましたか」という話でした。谷と安田は二〇〇メートル程しか離れていません。親しい程ではありませんが、何回かは行ったことがあります。

私の舅は谷民衛《たみえ》といい、潮江村政に一生を注いだ人で、明治三十九年、四十三年と二期、潮江村長をつとめ、〝村の生き辞引き〟といわれる人でしたが、家業の灸点業を続けていました。

谷の「はしご灸」と言われて〝高知の三灸〟の一つと言われていました。

その民衛が私に言うに「安田のおばあさん（環）は体がすっかり弱くなり、生きるか死ぬかという時となっていたが、うちの灸を熱心にすえて、すっかり元気になり、大変良くなった。その人は坂本龍馬と交際のあった人で、よく知っていた。龍馬が天神橋（当時は大橋）の欄干へ腰をかけて話をしていたこともあると言っていた」という話をしてくれました。

民衛はこの例話を話し、灸の効果のあることを説明していましたが、その孫と小学校時代の同級生でしたからよく覚えています。〉

谷是氏は補足として次の話を最後に付け加えて下さった。

〈なお老母の申しますには、昔は夕方になると蚊が大群をなして発生して夜は家にいるは大変で、皆、河岸へ出たり、橋の上へ行ったりして涼をとったもので、ヤブ、トブの多い湿地であるところは夕方にはそれが唯一の方法であったようです。橋の上の欄干は最高の蚊よけの場所であったと思われますが……。今のように線香も十分なかったでしょうし……。〉

安田環は灸をすえてもらいながら谷民衛に坂本龍馬のことを語ったそうである。その一つが橋の欄干に腰をかける龍馬だったのである。

おそらく、灸をすえてもらっている場所が天神橋の近くだったので、橋の欄干に腰をかけている龍馬が先ず思い出されたのであろう。

昭和三年、安田環は潮江に住んでいたが、現在、そこに安田姓の方は住んでいなかった。ご子孫は転居されており、高知市役所で調べてもらったが転居先は不明であった。

安田環のご子孫になんとか接触したいと考え、様々な方法を考えた。

ひとつは谷豊さんの同級生を卒業生名簿から探し出す方法である。しかし、高知師範女子附属小学校の卒業生名簿は戦災で焼失しており、この方法から安田環のご子孫を探し出すことは不可能だと判った。

安田環は藤本氏のインタビューの中で、環の父と龍馬の父が親しい友人だったので兄の英馬と龍馬はごく親しい交りをしていました。龍馬さんは、赤石のわたしの家へも時々遊びに来て……と語っている。

次の調査は高知市の赤石町となった。

二

安田環の実家、浜田家は高知の赤石（現・高知市赤石町）にあった。環の兄が浜田英馬で、弟が浜田真潮である。この浜田家のご子孫を探し出すのが新しい目標となった。

高知市上町一丁目にある「坂本龍馬先生誕生地」の碑から西へ約一・五キロ程のところが赤石町である。歩いてもわずかな距離であり、安田環が「龍馬さんは、赤石のわたしの家へも時々遊びに来て、わたし達もよく本丁まで出かけたもので」と語っているとおりに子供でも歩ける距離である。

高知新聞社の谷是氏と共に赤石町に住んでいる浜田姓のお宅を訪ねたが、全てご子孫ではなかった。浜田姓は「居住者地図」では三軒だけだった。

次に赤石町に昔から住んでおられる古老を訪ねたところ「昭和の初期に浜田明十郎という裁判官と浜田まぐさという軍人が住んでいた」と話してくれた。

浜田まぐさという軍人は毎朝、馬で連隊へ通っていたと古老は少年時代を思い出して語ったくれた。

「まぐさ、まぐさ」どう漢字で書くのだろうと考えていた時、浜田真潮という漢字が頭の中に浮んだ。もしかして「ましおの息子がまぐさ」ではないかと、閃《ひら》めいた。

谷氏にそれを告《つ》げると、言下に「そうじゃ」と叫び、二人で高知新聞社に戻り、資料室で古い高知県関係の人名事典を手当り次第に見ていった。一冊の名士録に「濱田真秣《まくさ》・陸軍歩兵中佐」とあり、「父・濱田眞潮」と記されていた。やはり浜田まぐさは浜田真潮の息子であった。

このことにより、浜田真秣のご子孫を探し出せば、浜田英馬、安田環、浜田真潮の三兄妹のことが判明する糸口になると思われた。

再度赤石町を調査しているうちに、数年前まで、浜田真秣のご子孫から年賀状をいただいていた方を見つけることができた。後日、真秣の息子浜田靖雄氏の妻・菅子《すがこ》さんからの年賀状が見つかり、住所が判明したのである。

しかし菅子さんは奇しくも坂本龍馬誕生地に建つ、「上町病院」に入院されており、インタビューは不可能な病状であった。

ここからは『坂本龍馬全集』を編述された高知出身の宮地佐一郎氏の従弟で土佐史談会会員の三谷萬佐雄氏がご協力して下さった。

浜田真潮（1852－1933）

浜田真秼（1878－1946）

その菅子さんの容体を看《み》に高知県外から、一カ月に一回、娘さんが訪ねてこられることを院長の町田速雄先生から三谷氏が聞き出してくれた。

数カ月後、三谷氏と共に、菅子さんの娘さん浜田美登恵《みとえ》さんにお会いすることができた。美登恵さんには今までの調査のいきさつ、土佐郷士についての一般的な話などした後、浜田家の墓地に案内していただいた。墓は高知市内の丹中山《たんちやま》にあり、坂本龍馬の実家の墓と近い場所にあった。

先ず、浜田真秣、浜田真潮の墓に案内していただき、つづいてその近くの濱田本家の墓地に連れていっていただいた。（浜田家の本家は眉の字を使う濱田と書く慣習になっていた。）

濱田利三右衛門の墓が中心にあり、英馬、環、真潮ら兄妹の父親の墓と判った。墓は一人が一基であり表中央に名前が刻まれている。慶応四年八月五日、享年六十五歳であった。その横に風変わりな卵形の墓石があり〈無味庵夏一《むみあんかいち》墓〉と刻まれていた。向って左側に〈通称濱田束《つか》稲《ね》〉と添え書きされていた。これが坂本龍馬の親友、濱田英馬であり、明治になって束稲《つかね》と改称していた。明治四十二年十月一日に死去しており享年七十五歳であった。

英馬が濱田本家の直系であり、高知市新屋敷にそのご子孫が住んでおられた。ご当主は濱田美智子さんで、濱田家系図（二種）古文書、写真などが保管されていた。

系図によると、英馬は、栄馬と書くのが正しかった。

濵田栄馬（1835−1909）

濵田栄馬は、天保六（一八三五）年七月二日生まれで、龍馬と同い歳である。龍馬は十一月生まれなので四ケ月先に生まれていた。

栄馬は父利三右衛門、母操《みさお》の長男として生まれている。少年期、龍馬と同じ日根野道場へ小栗流の剣術稽古に通っていた。学問は父利三右衛門の弟、藤田和英《かずひで》が近くで塾を開き、漢籍などを教えていたので、この叔父の塾へ通っていた。ここは藤田塾と呼ばれ、郷士、町人の子弟を集めて初等教育が行われていた。この藤田塾で、のちの豪商、川崎幾三郎も漢籍を学んでいる。

栄馬は成人して、父と同じく国老（家老）柴田氏の陪臣となっている。

幕末期になって土佐の多くの若者が尊王攘夷

運動に参加していったが、栄馬はあまり政治的な活動には加わらなかったようである。

そして、驚いたことに、栄馬の長男・楠馬の末娘が、まだご健在と分った。栄馬の孫である亀井とよさんが兵庫県宝塚市に住んでおられたのである。

お会いすると、よく昔のことを記憶されていて、おじいさん（栄馬）に井戸端で頭から水をかけられたことを覚えていると笑って話された。そして、父楠馬から聞いた話を語ってくれた。

亀井とよさんの証言

〈坂本龍馬は脱藩の時、栄馬に共に脱藩しようと誘い話を持ちかけたそうである。しかし栄馬の父利三右衛門にそのことが知れ、脱藩を止められてしまった。龍馬はそれを知ると後のことはよろしくたのむと言い残して、脱藩して行ったそうである。〉

案の定、龍馬が高知から姿を消した二日後、坂本権平が赤石の濵田家を訪ねてきた。栄馬は龍馬のことは知らないと言って、口を閉ざした。「後のことはよろしくたのむ」という龍馬の言葉を守って、一言も喋らなかったのである。

〈しかし、栄馬も若い血が騒いだのであろう、龍馬の後を追うように脱藩の気持ちをいだいていた。そんな栄馬に父利三右衛門は「お前にはきれいな嫁さんをもらってやるから、都《みやこ》へは行くな」といって懐柔したそうである。まもなく、栄馬は高知城下、北奉公人町

濵田槙（1835-1912）

に住む、岡本彦右衛門の長女槙《まき》と結婚している。〉

槙《まき》の写真が高知の濵田本家に残っていた。美人である。老いて白髪となっているが、鼻筋のとおった瓜実顔《うりざねがお》で典型的な日本美人である。若い頃はどんなにかきれいだったろうと思わせる顔である。

この写真を複写させていただきたいと濵田美智子さんに頼んだ。こころよくどうぞと言われるので、仏壇の上に掛けてある大型の額を外した。表面はガラスで裏返しにして裏板《うらいた》を外すと、槙の写真の下にもう一枚、写真が入っていた。男性の写真で白い着物に黒の羽織姿である。

美智子さんにこれは誰ですかと質問すると、美智子さんも初めて見たとのこと。長い間、中を見ていないので写真が二枚あることも知らなかった、誰か分からないという。

槇ともう一枚の男性写真を複写して、すぐ宝塚市の亀井とよさんに送ったところ、早速、返事があり、男性は栄馬ですよとの答えだった。

やっと濵田栄馬に会えたという思いが湧き上ってきた。

系図によると明治期になって栄馬は弥平太《やへいた》と改名していた。高知県立図書館にある『士族年譜』には次のように記録されていた。

〈濵田弥平太
同年（明治四年）三月八日、第十等官勧業司史生雑産係　官禄五石五斗
同年七月十四日、第十等官勧業司員外牧畜係〉

土佐藩は明治になって職制を改革し、一等から十等、そして等外という十一階級に再編成した。そして、藩庁、租税司、勧業司、刑法司、兵務司、学校と六種の部局に分けていた。

栄馬は陪臣であったことや、討幕運動、戊辰戦争に参加しなかったことなどから第十等官という低い官位にとどめられた。

しかし、栄馬に転機が訪れた。

親類（系図参照）の川崎幾三郎によって実業界へ転身をはかったのである。
『川崎幾三郎翁傳』の中にある〈乗出川崎家と川崎陣営の英才〉という章に次のように書かれている。

〈濱田氏兄弟
遠縁の人手濱田眞潮氏は、令兄東稲氏と共に早くから乗出川崎家へ出入りしてゐた。此眞潮氏は川崎翁の話相手となり、翁の帆船経営時代に沈没船でもあると翁はよく南亀太郎氏と手分けして、眞潮氏を派遣したものだ。
令兄東稲氏は茶道の先輩で、坂本龍馬とも少年時代の友人だし、川田小一郎氏とも交友の間であった。奇行家で、ナカナカ面白い人物であった。
濱田家はもと初代幾三郎翁の実家なる藤田家の縁家である。乃ち藤田利三右衛門の次男専三郎氏が赤石村の濱田家へ養子に行き、又その弟の利平太の次女が濱田平内へ嫁してゐる。かうした引っ張り合ひから、濱田家は乗出川崎家の縁家となったのだ。〉
川崎幾三郎家は川崎源右衛門家の分家で土佐の豪商である。

〽浅井《あざい》金持ち
　川崎地持ち
　上《かみ》の才谷屋《さいだにや》道具持ち
　下《しも》の才谷屋娘持ち

と俗謡にうたわれた、あの川崎である。

坂本龍馬の実家の本家は上《かみ》（上町《かみまち》）の才谷屋である。特に二代目川崎幾三郎は〝土佐の渋沢栄一〟といわれた実業家で、この二代目幾三郎によって栄馬は実業界で実力を発揮し、成功をおさめることになる。

栄馬は経済的に恵まれた生活を送るようになり、茶道、俳句、短歌、謡曲、狂言、陶芸などを嗜《たしな》み、明治時代を優雅に生きている。

特に茶道は〈無味庵《むみあん》〉と号して、道具の濵田といわれるほど収集したという。

川田小一郎《かわだこいちろう》は土佐藩の郷士で、岩崎弥太郎を輔佐して、三菱財閥の基礎を築いた。明治二十二（一八八九）年、大蔵大臣松方正義の要請により日本銀行総裁に就任している。金融界に君臨し日清戦争の戦費調達を円滑にした人物である。

栄馬は、川田小一郎とも交友関係にあった。これは後に詳しく書くことにする。

三

栄馬の孫にあたる宝塚市の亀井とよさんを中心にして一族の方十一人が宝塚のホテルに集合してくれた。栃木、横浜、大阪、神戸、高知から来て下さり、栄馬、環、真潮についての実話を話して下さった。

その日、話がとぎれることはなく、幕末という時代はついこの間という感覚であり、歴史は連綿《れんめん》と語りつがれているという印象だった。

安田環は若い時、好《よし》と名乗っていた。そして、琴《こと》という姉がいたが、姉は嘉永七（一八五四）年五月十三日に自害していた。享年十七歳であった。

琴と好、この二人は美しい姉妹で、道を歩くと皆、立ち止まり振りかえってその姿を見つめたという。

琴の自害は縁談にかかわることで、ある夜、風呂から上がって鏡を見ていたが、突然、短刀で自刎《じふん》（首を切る）したと子孫に伝えられていた。原因は分からないが、琴の遺した言葉がひとこと伝えられていた。

「くちおしい」

この言葉の意味はご子孫にも分らないということで、様々な憶測がでた。

なんでも、高知の豪商の息子が琴に一目惚れして、嫁に欲しいと懇願されていたらしい。しかし、琴はこの縁談を断りつづけた。

その中で琴のプライドを傷つけるような事が発生したのではないか。それがどういう事態だったのかは誰にも分らなかった。

琴が自害したという噂が豪商の息子に伝えられると、濵田家へ遺体でもいいから欲しいと申し込んできたという。

異常な精神状態である。この平常心を失った相手の人柄が琴を苦しめていたのかもしれない。

琴の遺品が一つ残っていた。ご子孫の小田清子さんが持参された「源氏物語」と表紙に書かれた小冊子には伯父森本藤蔵の筆で、「婦知多琴女蔵《ふじたことじょ》」と裏表紙にあり、中は源氏物語五十四帖の和歌が流麗な文字で記されていた。（濵田家は一時、藤田と姓を変えた時期がある）

土佐郷士の教養の高さが表われている名筆である。

環（好）には山内容堂の側室にという声が掛かったという。容堂が見初めたとも、供侍の目に止まったともいうが、分らない。

龍馬は文久二（一八六二）年三月に脱藩しているが、その時、好は十七歳だったという。側室の話はその後のことであろう。何度断っても声が掛かるので、急いで嫁に行くより断る方法

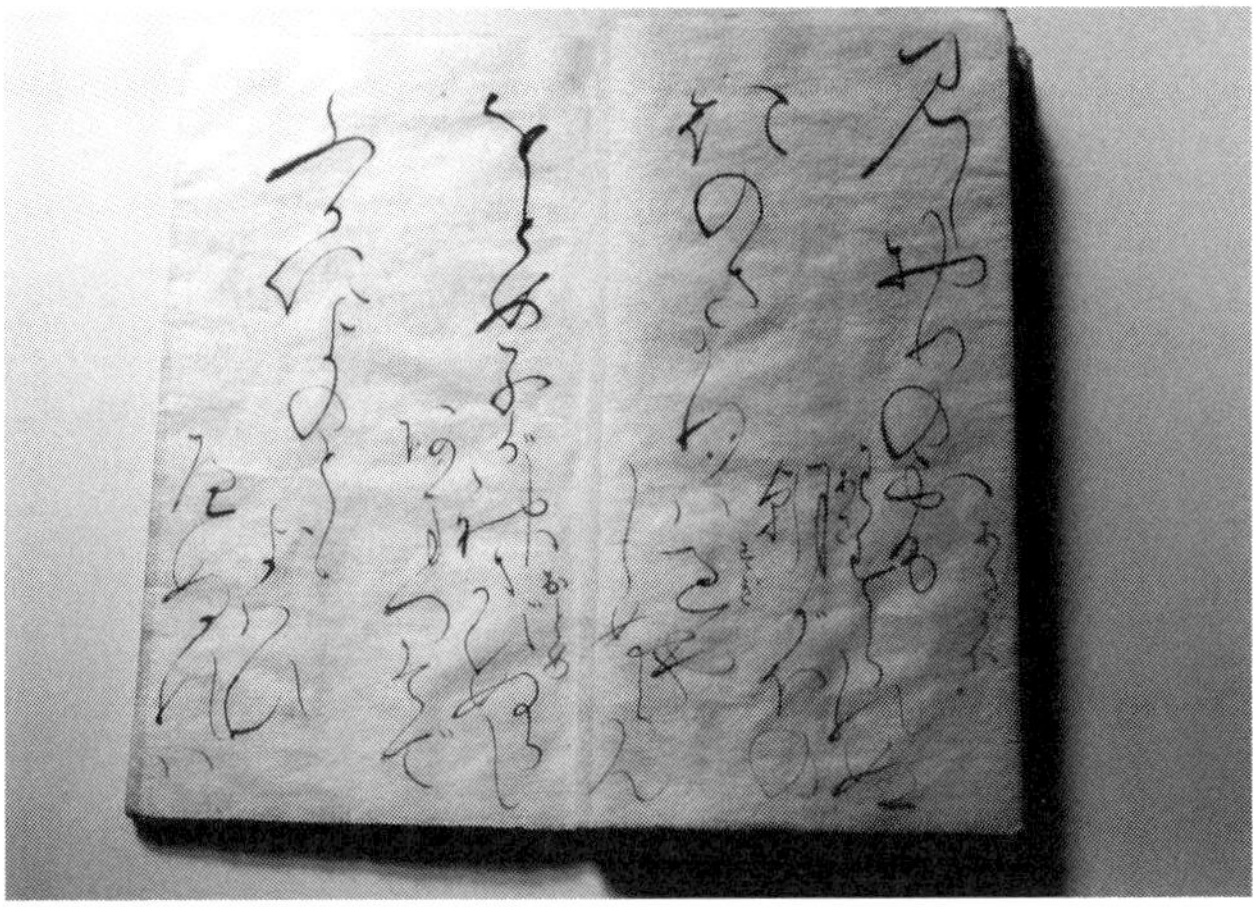

琴の遺品『源氏物語』（小田清子所蔵）

がないと考えて、すぐに親類へ嫁いだという。好が嫁いだ相手は安田健三郎という郷士であり、好の叔父・濵田和英（父利三右衛門の弟）の妻きんの弟であった。

好も姉・琴のように縁談で自害するような境遇にはなりたくないと思い、すばやく行動したのではないだろうか。

藤本氏のインタビューに答えた安田環は、我々に重要な龍馬に関する情報を伝えている。

〈龍馬さんは、六尺豊かの大男で、優男のように世上には伝えられていますが、背丈は中位で、色も黒く、決してトント（土佐で美少年の方言）の方《ほう》ではありませんでした。〉

〈当時の若侍の気風とは、何処か違う所があって、エラたがらず、威張らず、温和《おとな》しい人で、

それでいて見識の高い人でした。〉

勝海舟も明治になって、『氷川清話』の中で、

「坂本龍馬。彼《あ》れは、おれを殺しに来た奴だが、なかなか人物さ。その時おれは笑って受けたが、沈着《オツチ》いてな、なんとなく冒《お》しがたい威権があって、よい男だったよ。」

と語っている。〝おれを殺しに来た奴〟は海舟の誇張癖であり、龍馬は海舟を斬りに行ったと手紙に書いたことはない。海舟の証言の重要なのは、その次にある〝沈着で、なんとなく冒しがたい威権があった〟と語っている言葉である。

環と海舟の語る龍馬の人物像は、

〈エラたがらず、威張らず、温和《おとな》しい人〉は〈沈着《オツチ》いてな、〉と重なる言葉であり、〈見識の高い人でした〉は〈冒しがたい威権があって〉と重なるのである。

幼馴染《おさなな じ》みで兄の友人を見る環の目、手塩にかけて育てた愛弟子《まなでし》を見る海舟の目は正確に龍馬の人格を記憶しているのである。これが坂本龍馬の実像である。

姉乙女に宛てた手紙から龍馬は冗舌《じょうぜつ》のように思われるが、実生活では落ち着いておとなしい人だったのである。

安田環は年をとって骨がもろくなり、ある日、庭に下りようとして倒れ、左手で体をささえて、左手を複雑骨折してしまった。指が動かなくなった左手を環はためらわず医者に切断させたという。左手首から先が無くなり、丸くなった先端に毛糸で編んだ筒のようなものを着けていたそうである。環の気丈さを物語る逸話である。

環のご子孫、後藤敏子さんによると、環は怖いおばあさんだったそうである。

ある日、いたずらをした孫たちは庭に下ろされ、横一列に座らされた。両手をついて土下座し、謝罪させられたそうである。その時、環は縁側に正座して庭を見下ろして、その姿は大岡越前守がお白洲で罪人を裁く姿そのものだったという。

やはり幕末を生きた女性だったのである。

龍馬の姉乙女についても、環は語っている。

〈三十を過ぎてから、男を持っていては自由に身が振れんと云って嫁入り先から帰って来た程の変った人〉

〈絶えず懐鉄砲（ピストル）を懐中にし、薙刀も稽古して、わたし達にも、やって見ぬかとすすめられました。龍馬さんとはよく坐り相撲をやったものでした。〉

環はこの乙女の生き方が龍馬に影響を与えたのだろうと回想している。

龍馬が高知で知り合いだった女性については平井収二郎の妹・加尾が有名である。龍馬の初恋の相手は〝平井加尾〟であると書いてある研究書もある。

龍馬と栄馬は竹馬の友であり、琴も好も兄について、坂本家に遊びに行っている。父同士も友人である。坂本家と濵田家の家族同士の交流でそこには恋愛感情などが生まれる雰囲気はなかったと思われる。

ただ安田環が藤本氏のインタビューに答えた話全体から感じることは、兄を慕う妹のような感情が底辺に流れているように思われるのである。

四

安田環が藤本氏のインタビューに答えた話で重要な証言がある。

〈権平さんが大切にしておった刀の詮議に来られました。〉

〈「人を雇うて詮議すると、須崎で、油紙に刀らしい物を包んで背中に負うた龍馬の姿を見た人があるそうぢゃが」と権平さんは語っていました。〉

福岡宮内（1827−1906）

兄権平が大切にしていた刀が紛失している。

龍馬が油紙に刀を包んで、背負っている姿が須崎で目撃されている。

環は兄栄馬と一緒に訪ねてきた坂本権平に会っており、強い印象で記憶していた。

坂本家は福岡家の御領郷士で、全て福岡家に報告する義務がある。当時の当主は福岡宮内《くない》であった。

「福岡家御用日記」には、

〈文久二年
三月二十五日、御領郷士坂本権平弟龍馬
儀昨夜以来行方不知、諸所相尋《あいたずね》候《そうら》得《え》共《ども》、
不明之由届出候事〉

龍馬の行方不明は翌日に届出ている。

〈三月二十七日、御領郷士坂本権平所蔵の刀紛失の旨届出候事〉
刀の紛失は三日後に届出ている。

刀は姉乙女が手渡していたのだろう。坂本家には何振もの刀があり、その中から選んだものを持ち出している。龍馬が刀剣の鑑定ができることは、慶応三（一八六七）年十一月十三日と推定される陸奥陽之助にあてた手紙で明らかである。

それは坂本家があった上町が刀剣と深い関係を持っていたからである。

安田環が言っているように〈龍馬さんの邸は本丁一丁目の金子さんの所で、水道町まで突き抜けて広い屋敷でした〉。表門は本丁通りで裏門は水道町《すいどうちょう》（水通町が正しい）に面していた。

この水通は職人街で種々の職人が住んでいた。「上町分町家名附牒」に詳しく記録されている。紺屋、仕立屋、樽屋、籠屋、傘屋などが軒を並べている。その中で多いのは刀剣関係の職人である。

研師《とぎし》、鞘師《さやし》、刀鍛冶、塗師《ぬし》、白銀師《しろがねし》などが集まっており、高知城下の武士たちの刀を修理したり、鍛造する手工業の街であった。

この街から有名な土佐藩工・左行秀《さのゆきひで》がでている。帯屋町で斬殺された吉田東洋は左行秀で戦ったと記録されている。

坂本権平が左行秀に注文して作らせた刀も現在、高知の某氏の所蔵となっている。環境は人を造る。龍馬も幼い頃から、水通町で育っている。周囲の職人たちから自然に学んだのであろう。刀剣の鑑定ができるまでに成長しているのである。

兄から贈られた「吉行」は有名だが、「古刀の無銘了戒《りょうかい》」も拝領したいと書いた手紙も遺っている。

脱藩の時の刀が、何という刀鍛冶が造ったものか不明だが、「肥前忠廣」と書いてある研究書もある。

「忠廣」で初代か二代の銘があれば名刀で権平が大切にしていた理由が分る。

刀の刀身が名刀であれば、鐔《つば》、縁頭《ふちかしら》、目貫《めぬき》などの部分品も価値あるものが使用されている。

龍馬が脱藩のあと、大坂に現われた時、差していた刀の柄《つか》（手で持つところ）が手拭で巻いてあったという。そうしたものを旅中に売り払えば、ある程度の金額になったと思われる。

龍馬は道中で使う金を借金しているので、刀も、現金化できるものを選択していったと思われる。抜け目がなく用意周到である。

では何故、腰に差さないで油紙に包み背負っているのであろう。

これは大切な刀を雨で濡らさないためと考えた。

文久二年三月二十四日、高知の天候が記録されている文献が見つかれば、環の証言が確実なものとなる。

『真覚寺日記《しんかくじ》』というものが存在した。高知から南西へ一〇キロほど離れた宇佐《うさ》という村に真覚寺という寺院があり住職の井上静照が日記をつけていた。

「地震日記」九巻、「晴雨日記」五巻、計十四巻からなり、安政元（一八五四）年から明治二（一八六九）年まで十五年間の土佐での出来事、巷での声、天候などを記録していた。

龍馬が行方不明になった日の天候は次のように記録されていた。

〈文久二年三月廿四日
陰天八ツ頃蓮師の祥月勤行する七ツ頃より雨ふり出ス大雨浪高し〉

〈(現代語訳) 曇、午後二時頃、前住職の祥月命日の法要をする。午後四時頃より雨降りだす。夜中は大雨で浪が高かった。〉

推測どおりの大雨だった。龍馬は兄の大事な刀が濡れないよう油紙に包んでから出発したのである。午後四時頃より雨が降りだしたので、それ以後、高知を出発したと分る。

そして、高知から須崎へと大道を歩いていくのである。

城下―朝倉―弘岡―高岡―戸波―須崎

と歩くと考えれば、戸波と須崎の間に名古屋坂があるだけで、あとは平坦な道がつづき歩きやすい道である。

小説だと崖を登ったり、走ったりする場面が描かれるが、人を斬って逃げている訳ではないので、堂々と須崎の町へ用事があって歩いているだけである。

龍馬は昼間、何度も須崎へ歩いているので、熟知した道である。提灯を持って歩けば夜道も危険ではない。

吉田東洋を斬って逃げた犯人たちと龍馬は違う。あとを追われている訳ではないので、堂々と須崎の町を目指して行くのである。

翌日三月二十五日、龍馬は雨のあがった須崎の町を歩いているところを、顔を見知っている人物に目撃されたのである。龍馬は須崎から永野、大野、新田と歩き梼原へと歩いていく。

三月二十五日夜、坂本龍馬は同行して沢村惣之丞と那須俊平、信吾父子の居宅に一泊している。

翌日、龍馬は土佐国と伊予国の国境を越えて脱藩することになる。

五

濵田栄馬が『川崎幾三郎翁傳』の中の「濵田氏兄弟」で、
〈令兄束稲氏は茶道の先輩で、坂本龍馬とも少年時代の友人だし、川田小一郎《こいちろう》氏とも交友の間であった。〉
と紹介されている。

この川田小一郎は注目しておきたい人物である。

小一郎は、天保七（一八三六）年八月二十四日、土佐国杓田村《ひしやくだ》（現在高知市旭町付近）に郷士川田恒之丞の次男として生まれた。

杓田村は赤石に隣接している村であり、栄馬より一歳年下の郷士の息子である。栄馬は陪臣であり身分は同等で小一郎と栄馬が友人となっても不思議ではない。

栄馬を中心に考えれば右に龍馬、左に小一郎という関係図になる。龍馬と小一郎にも交友関係があったと推測できないだろうか。

身　分（龍馬と小一郎が郷士、栄馬が陪臣）

年　令（龍馬と栄馬が天保六年生まれ、小一郎が天保七年生まれ）
出生地（龍馬が上町、栄馬が赤石、小一郎が杓田村）

上町から赤石は子供でも歩いていく距離と、安田環が証言している。赤石と杓田村は隣接している。

こうして三人を比較してみると、栄馬を中心にして龍馬、小一郎が交友関係にあったとみる方が自然であると思われる。

慶応四（一八六八）年、土佐藩は新政軍の一翼として伊予国の別子銅山の占領を行った。この時、川田小一郎は土佐軍の隊長として、銅山の大番頭・広瀬宰平と折衝した。

この別子銅山は住友家の持物で、住友の富はこの銅山を基礎として蓄積されたので、これを占領されると住友は没落してしまうので、住友家に返還して欲しいという強い要望であった。広瀬は別子銅山はあくまでも住友の私有物であり、徳川幕府の物ではないと主張した。

ここで、採掘され、精錬された銅が「御用銅」として幕府に納入されていた。それ故に幕府直営と誤解されていたのである。

川田は鋭敏な頭脳で住友の私有財産と認めて占領を解除し、住友家に返還することに協力をした。

これが縁となり川田は広瀬宰平と永い交友を結ぶことになる。

川田は広瀬と共に京都に上り、太政官に「別子銅山を住友家へ再下付、操業開始の許可」を願い出た。

新政府の財政担当は三岡八郎（由利公正）で、「新政府に銅一五〇〇貫、精銅過程で出る金はすべて献納」という条件で、住友家への返還が決まった。三岡は龍馬の友人である。

広瀬はこれで住友家が救われたと悦び、川田に生涯、恩義を持ちつづけることになる。

次にこの川田に注目した人物は、岩崎弥太郎である。

明治三（一八七〇）年、川田小一郎と岩崎弥太郎は土佐藩の大坂蔵屋敷で出会った。川田の理財、経済感覚に目を付けた岩崎は坂本龍馬が遺した土佐藩海援隊を、自分の手で世界へと発展させようと「九十九《つくも》商会」を設立し、そこへ川田を誘ったのである。

川田が決断する時、幼年期、竹馬の友であった龍馬を思い出したのではないだろうか。

岩崎と龍馬は幼年期に会ってはいない。龍馬と初めて会ったのは長崎であり、三十歳を過ぎてからである。

明治六（一八七三）年三月、岩崎は「三菱商会」を発足させ、川田が一番番頭として采配をふるった。

海運業を中心に経営を考えていた岩崎に川田は鉱山経営をすすめた。

別子銅山を住友家に返還する時、川田は住友の番頭・広瀬宰平から銅山経営の詳細を聞いており、その経営の旨みを知っていた。

川田は岡山県の吉岡銅山を買収し、つづいて高島炭鉱の買収も行った。

川田は三菱経営の中枢部にいて「三菱商会総代」「最高幹事」という肩書の大番頭になっていった。

明治十八（一八八五）年二月七日、岩崎弥太郎は死去した。川田小一郎は臨終に立ち会っている。弥太郎は享年五十二だった。

明治二十二（一八八九）年九月、川田小一郎は大蔵大臣松方正義に要請され、第三代日本銀行総裁となっている。

松方はなぜ川田に日銀総裁を推挙したのか。

「川田小一郎の交遊関係は幅が広い。当時の元老級だった伊藤博文、山県有朋、井上馨と対等のつき合いをしていた。官尊民卑の風潮が強かったこの時代では異例のことである。」

研ぎ澄まされた理財感覚の他に、人格、人間としての深みが、松方から見て魅力だったようである。

伊藤博文、山県有朋、井上馨と対等に話せるのも、竹馬の友、坂本龍馬が心の中に生きていたからではないだろうか。長州、薩摩出身者に対して土佐出身の川田小一郎は一歩も引かなかったのである。

日銀総裁七年間のうち川田が銀行に出たのは何日でもないという。

〈彼は一年三百六十五日株主総会の日を除きては、殆んど一日も銀行に出頭せず。他の重役局等を日々私邸に招きて行務を指示し、甚しきは大蔵大臣までも私邸に招きて行務を稟《りん》議《ぎ》せし事、今尚世人の記憶する所なるべし。此時に方りてや、日本銀行の重役及び局長等唯々諾々として川田総裁の命を奉じ、敢て反抗せんとするものなきのみならず、皆総裁の信任を失はざらん事を勉めたり。〉

（『鼎軒田口卯吉全集』第七巻）

〈私が日銀に入るとすぐ川田さんの家に挨拶に行った。案内されてゆくと、局長とか偉い人がずらりとゐて、真中に川田さんが胡坐《あぐら》をかいてゐる。局長らは座蒲団も敷かずにきちんと坐ってゐるのには驚いた。〉

（『山本達雄』一六六頁）

現在の日本銀行総裁とは比較することができない明治の総裁である。奇行、型破りとでも言うか、自由人である。

これも坂本龍馬と重なる印象がある。そしてもう一つ、人材の発見、育成である。川田は三菱から山本達雄、大蔵省から薄井佳久、外務省から河上謹一、鶴原定吉、海軍から片岡直輝、民間から小泉信吉（小泉信三の父）、高橋是清など、学校卒業者の中から、志立鉄次郎、土方久徴、井上準之助を新規採用している。日本銀行を背負っただけでなく、日本銀行の域を越えて日本の財界、政界に名を成した人たちである。


龍馬は動乱の最前線にいたという点、三十三歳で殺害されてしまったという点で、人材の発見、育成は全うしてはいない。しかし、新政府の財政担当として三岡八郎（由利公正）を推挙したのは龍馬である。（第六章で詳細に述べる）

紀州藩士でありながら、亀山社中、海援隊と龍馬と共に行動した陸奥陽之助は、龍馬の愛弟子である。明治期になって廃藩置県のあと、神奈川県知事、外務大丞《だいじょう》、大蔵省租税権頭、租税頭、大蔵少輔心得と昇進していた。第二次伊藤内閣で外務大臣となり、条約改正に着手した。「カミソリ陸奥」と渾名がつくほどの切れ者で、龍馬に「海援隊に人は多いが、二本差さなくとも（大小を差すのが侍）食っていけるのは陸奥と俺くらいだろう」といったという。

陸奥を見出したのも龍馬である。

現在IHIという名で世界に知られる旧石川島播磨重工は、石川島平野造船所が播磨造船所と合併して創立している。この石川島平野造船所の創立者が平野富二である。

若い時平野富次郎と名乗り、幕艦回天丸に機関手として乗組んでいた。第二次征長戦争に敗れた幕府は回天丸の所属を長崎海軍伝習所から江戸の御軍艦所に移し、富次郎に御軍艦所一等機関手としての内命を伝えてきた。

しかし、幕府の安易な方針に反対し、建策書を提出した富次郎は幕府から江戸海軍所移籍の内命を取り消す旨、通達された。

幕府当局の措置に憤り、蟄居している二十二歳の機関手がいることを伝え聞いた坂本龍馬は富次郎に会って惚れ込んだ。

土佐藩に月金手当二十五両、七人扶持の待遇で一等機関士として引き抜いたのが龍馬である。富次郎は土佐藩船の「夕顔」「若紫」「空蝉」に乗船し活躍している。

この富次郎が平野富二となり石川島平野造船所を創立したのである。

平野富次郎を正義感の強い実行力のある人物として見抜いた龍馬は鋭敏な人間観察力を持っていたのである。

三岡八郎、陸奥宗光、平野富二という三人を初めて見出し、後世に活躍させたのは龍馬の人物評価の鋭さを証明しているのではないだろうか。

第二章

一枚の世界地図から始まった

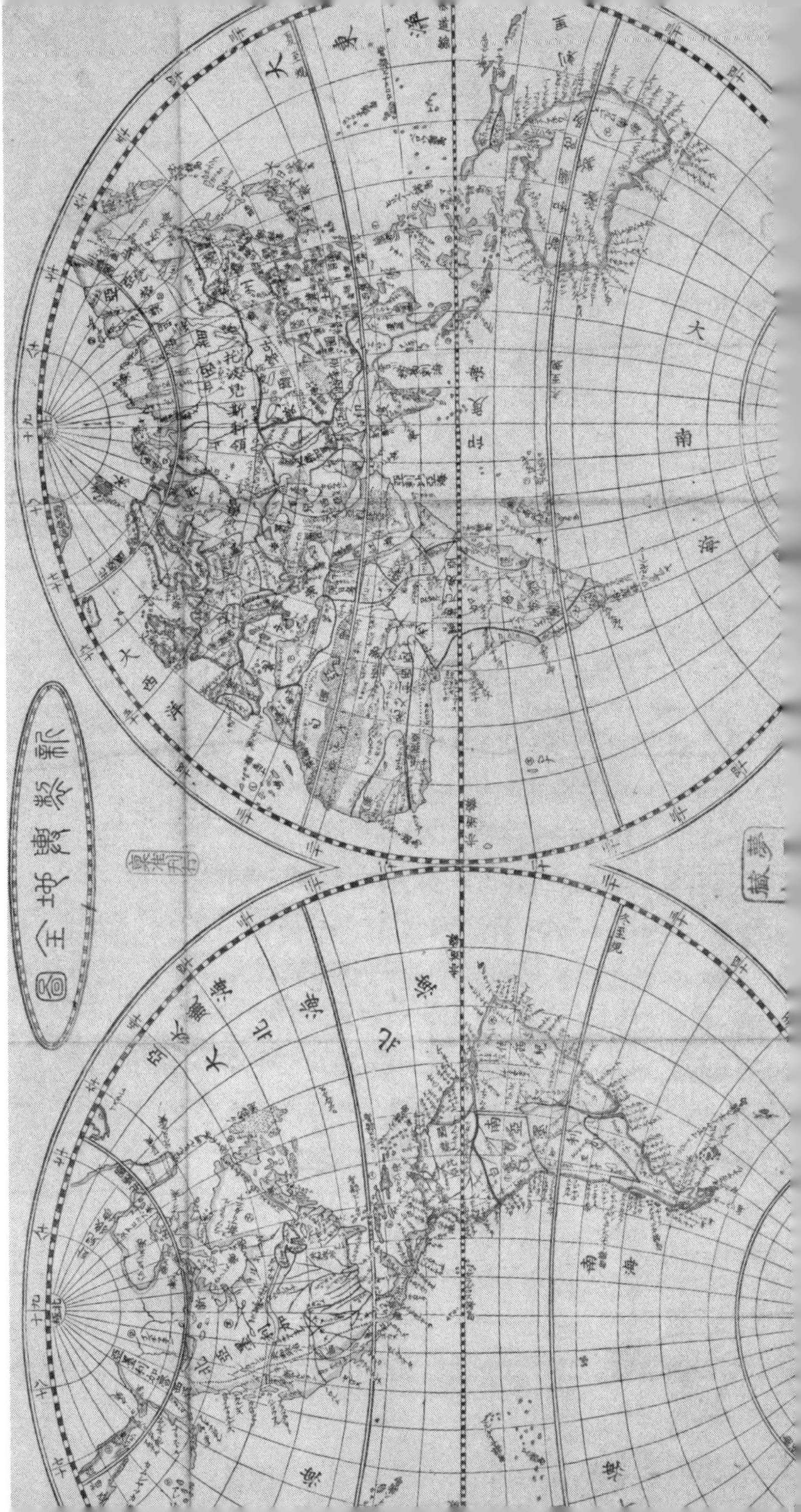

一

土佐国は南東を大きく太平洋に開き、黒潮が流れこむ温暖な気候の南国である。地形からみて古から多くの難破船が漂着し、海岸線に住む人々は異国人との接触を、自然な成り行きで持つことになった。

中でも文禄五（一五九六）年九月二十八日、土佐の浦戸沖に漂着したイスパニア（スペイン）のサン・フェリペ（San Felipe）号の事件は時の土佐国領主・長宗我部元親、豊臣秀吉を巻き込んで、国家的一大事件となった。

サン・フェリペ号はスペインの大型商船で、船客及び乗組員総計二三三人を乗せてマニラ湾のカビテ港を出帆し、メキシコに向っていたが、数度、台風に遭い帆柱を切り倒して漂流し土佐の浦戸沖に錨を下ろした。

〈「陸上には多く灯を照らし、火を焚きたり」と西欧側史料にある。この場所は現在の桂浜だと思われる。〉（『高知県の不思議事典』）

知らせをうけた長宗我部元親は翌日、二〇〇艘を超える漁船で、満潮に合わせて浦戸湾深く曳航した。しかし、浅瀬に乗り上げ座礁してしまった。

今でもその場所は「クルスの岩礁」といわれているという。

元親は異国船が漂着した旨を豊臣秀吉に報告すると、奉行・増田長盛が浦戸へ派遣されて来た。

乗客と乗組員は全員上陸し長浜（桂浜に近い場所）に宿を与えられ、取調が行われた。その中で航海士が「イスパニアは世界各地に宣教師を派遣してキリスト教を布教し、民衆を抱きこんでから軍隊を出してその国を占領するのだ」と発言したというのだが定かではない。

秀吉のキリシタン弾圧はここから始まるという。全ての荷物は没収、全員の所持金も没収されたという。船は数カ月かけて元親の命令で修理され、サン・フェリペ号は翌年の四月に浦戸を出航し、五月にマニラに戻っている。

結局、二〇〇人を超える異国人が長浜に六カ月間、滞在していたのである。日常の生活で土佐の庶民との交流は当然あったはずである。

庶民に伝わる逸話は幕末の時代まで伝えられていないのだろうか。

この事件は『元親記』に詳しく記録されていて、歴史的事件の一次史料となっている。『元親記』は戦国時代、四国を制覇した長宗我部元親一代記で、側近だった高島孫右衛門正重により寛永八（一六三一）年に執筆されている。この年は元親の三十三回忌にあたり、旧主供養のため霊前に供えられた書籍である。この『元親記』は江戸時代を通じて、土佐国では広く読まれている。

そのほかに、唐船、琉球船の漂着まで含めると、記録に残るだけでも一八回あり、異国船の漂着は土佐の人々の記憶に残り、世代を越えて語り継がれていった。

そうした風土の中に坂本龍馬は生まれているのである。

龍馬は『元親記』を読んでいたであろうか。長浜は龍馬の行動範囲の中にある。


龍馬は天保六（一八三五）年十一月十五日、高知城下の上町に生まれている。

龍馬の父・坂本八平は郷士御用人であった。

土佐藩士の身分階級は上士が三五階級に、下士が一〇階級に序列化されていた。この上士と下士の中間に「白札《しらふだ》」という階級があり、準上士という格式であった。下士の最上位は郷士御用人であり、坂本家は下士の最上位に位置する。武市半平太は白札で準上士である。

上町は高知城を囲む郭中《かちゆう》の外にあり、下級武士、陪臣、武家奉公人、職人、商人、医者などが混然一体となって住む町だった。坂本家の表門は本丁通り《ほんちようどお》に面しており、大商人が軒を連ねていた。裏門は水通町《すいどうちよう》に面し、多業種の職人が狭い店舗を並べていた。龍馬がこの町に生まれ育ったことが、彼のその後の人生に大きな影響を与えることになる。

豪商といわれる坂本家の本家・才谷屋《さいだにや》は高知経済界の一角を担っていた。

坂本家裏門が開く水通町には刀鍛冶や鉄砲鍛冶の鍛錬場やそれに関連する職人が多く住んでいる。技術者たちの町工場が並ぶ通りだった。〝商業経済〟と、〝手工業技術〟の世界が郷士坂本家を取り囲むようにして、その実体を少年龍馬に見せていた。

龍馬は人を見下げる視線を持っていない。この上町に生まれ育ったので、職人、商人たちと同じ目線でものを見て話をしている。平等思考を子供の頃から身に付けたのである。

また龍馬はどんな高位高官に会っても、気後れせずに話をしている。「位負け」しないのである。これは生まれながらに持っている資質である。平等思考と気後れしない性格が階級を超えて活躍できた礎となっている。

土佐史談会の機関誌『土佐史談』（第六八号、昭和十四年九月刊）に松村巌《いわお》の「坂本龍馬」が掲載されている。

〈坂本龍馬は本丁一丁目南側に生れて、相良屋《さがらや》と相隣《そうりん》して居た。異相《いそう》ありて、満身に黒子九十二ありと称し、其乳母これを隠くし兼《かね》て居た。相良屋は耳垂《たぶ》の大なるを以て、坂本の黒子とならび称せられ、町中の一話柄《わへい》となれり。

坂本は郷士にて、御用人格なり。長男を権平と云い、初《はじめ》の名は佐吉、坂本は次男にて、その弟なり。少時常《しょうじつね》に唐《とう》へ行きたいと申居れり、言ふ意は洋行したきなり。

相良屋は村越元三郎といふて、明治中、菜園場《さえんば》に陶器店を営《いとなん》で居り、余のために語る所なり。〉

龍馬が少年時代から「洋行したい」と言っていたのを、隣りの相良屋・村越元三郎は聞いていたのである。

松村巌は文久二（一八六二）年、土佐郡小高坂（高知市）に生まれた郷土史家であり、梅梁という筆名で『海南文学集伝』『維新人物考』『土佐先賢叢書』などの著作がある。文久二年は坂本龍馬脱藩の年であり、松村は龍馬と同時代の史家ということになる。

山田一郎氏は『坂本龍馬――隠された肖像』（新潮社）の中で次のように書いている。

〈川島猪三郎は西洋事情に明るく、村の人たちは「ヨーロッパ」と呼んでいたと『村のことども』には書いてある。川島家には猪三郎が持っていた弘化元年製作の万国地図が大事に保存されている。龍馬はこの地図を猪三郎から見せられたはずである。龍馬は、青年期に大きな影響を受けた河田小龍に会う前にすでに世界地図を見ていたのである。〉

龍馬の継母伊与《いよ》は北代家から川島家へ嫁ぎ、その夫・川島貞次良が死去すると、川島家から

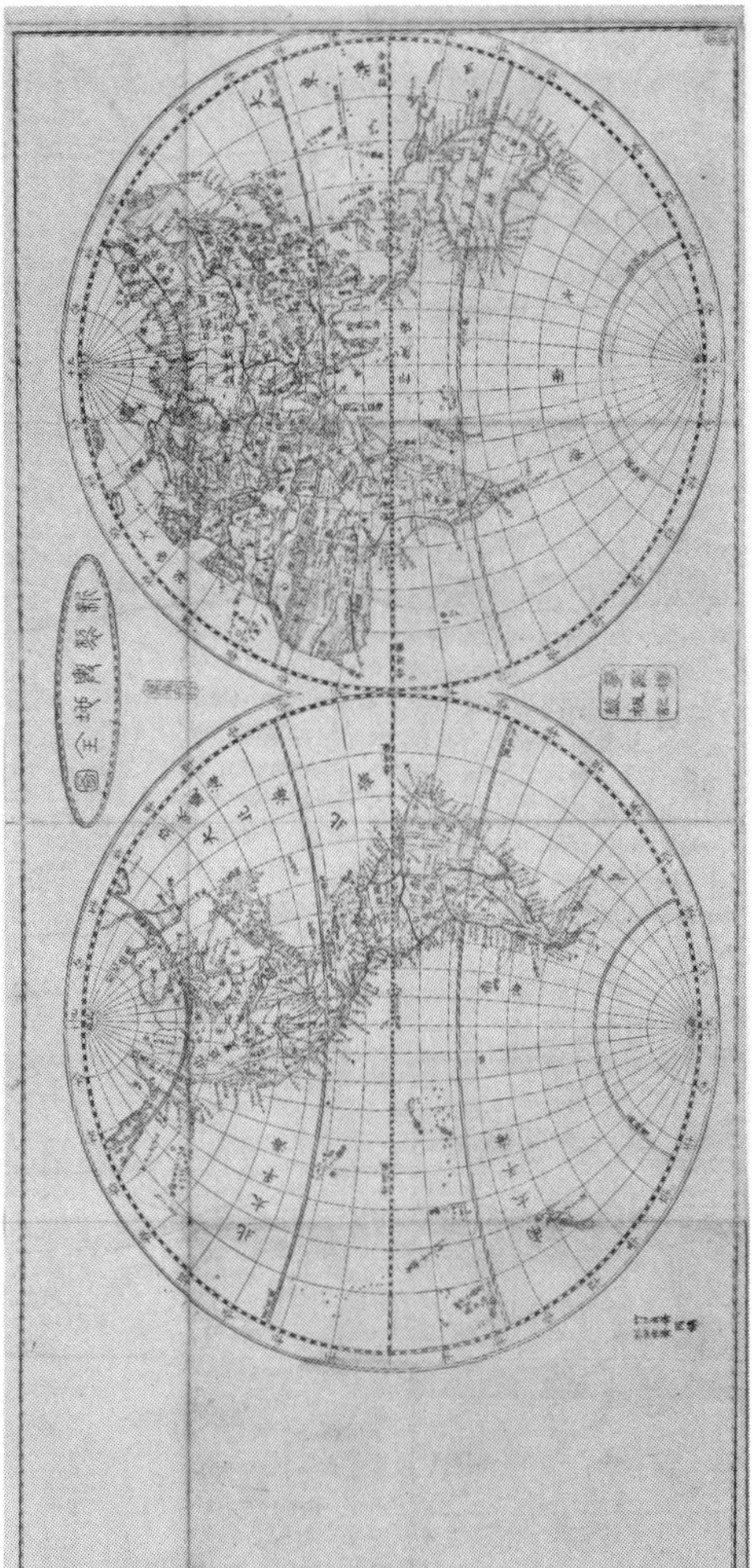

新製輿地全図（筑波大学附属図書館蔵）

坂本八平へ嫁いでいる。種崎の川島家は下田屋という藩の御船倉御用商人で、鉄材、木材などを扱う廻漕業を営んでいた。その当主が猪三郎である。龍馬と姉乙女は舟を漕いでよく川島家を訪れていたという。

龍馬が少年時代に見ていたという「万国地図」は箕作省吾《みつくりしょうご》が弘化元（一八四四）年に刊行した『新製輿地全図』である。この地図は、「青　亜細亜《アジア》洲。赤　歐邏巴《ヨーロッパ》洲。黄　亜弗利加《アフリカ》洲。老虎黄《カバイロ》　豪斯多辣里《アウズタラリ》洲。赤　南亜墨利加《アメリカ》洲。黄　北亜墨利加《アメリカ》洲」と境界線を彩色してある。

また五大洲の中を独立している国、独立していない国に分け、独立していない国はどの国に付属しているのかを記号を付けて分かりやすくしている。例えば「㋕　漢土《カラ》　㋣　都兒格《トルコ》　(井)　意太里亜《井タリヤ》　㋑　伊斯把泥亜《イスパニヤ》　㋫　佛蘭西《フランス》　(ポ)　波爾杜瓦爾《ポルトガル》　㋾　和蘭《ヲランダ》　㋽　暎咭唎《エケレス》　(デ)　弟那《デー子》　瑪爾加《マルカ》　(ド)　獨逸《ドイツ》　㋜　蘇亦齋亜《スウエシヤ》　㋺　魯西亜《ロシア》」と丸の中に国名の頭文字をカタカナで入れ、記号としている。

この地図の製作者・箕作省吾は仙台藩水沢領の佐々木佐衛治の次男として生まれた。青年期に江戸へ出て、津山藩主・松平三河守上屋敷に住む箕作阮甫《みつくりげんぽ》を訪ねて蘭学の門下生となった。後に阮甫の三女の婿となり、箕作省吾となっている。この地図は好評を博し大量に印刷され、偽物まで出たという。川島家も発行された弘化元年から、あまり時を経ていない時期に購入しているのではないだろうか。

龍馬の実母幸は、弘化三（一八四六）年六月に死去している。継母伊与が坂本八平に嫁いだのは、弘化三年末か翌四年と推定されているので、その後龍馬はこの『新製輿地全図』を見ていたことになる。龍馬が見た『新製輿地全図』は現在、高知の川島家に保管されている。

弘化四年、龍馬は十三歳である。翌嘉永元（一八四八）年、十四歳、この頃築屋敷の日根野弁治に入門し、剣術修行が始まっている。この頃から龍馬は活発な少年になったと言われている。実母の死を乗り越えた少年龍馬は剣術修行と『新製輿地全図』で、明るい未来と異国へ行くという夢を持つことになったと思われる。

『新製輿地全図』は弘化元（一八四四）年に刊行され、続いて『坤輿図識《こんよずしき》』五巻三冊が弘化二（一八四五）年、『坤輿図識補』四巻四冊が箕作省吾により刊行されている。省吾は『坤輿図識補』の執筆中に喀血し、弘化三年一二月一三日に死去している。この『坤輿図識』『坤輿図識補』は後に坂本龍馬が高知で入門する徳弘孝蔵塾の所蔵本の中にあったことが確認される。

坂本龍馬は嘉永六（一八五三）年三月一七日、剣術修行を目的として江戸へ向かって高知を出発した。江戸到着は四月中旬と思われる。

同年六月三日、アメリカ合衆国のペリー提督率いる東インド艦隊が浦賀に来航した。龍馬は黒船来航の混乱の中、土佐藩鮫洲抱屋敷《かかえやしき》、品川下屋敷付近の警備陣に臨時御用として加えられた。

六月五日、幕府は土佐藩へ次のような「達《たつし》」を送付している。

〈この度、浦賀表へ異国船渡来につき、万万一、中洲へ乗入れて来るかもしれない。もしそのような場合は、芝辺りから品川へかけて屋敷を所有している一万石以上の大名は、それぞれ自分の屋敷を警備するよう申し付ける。〉

幕府・大目付からの「達」によって土佐藩は六月七日に、品川下屋敷へ兵器、人員を送り込んでいる。

長柄槍　二〇本
二〇〇目玉大筒　一挺
一〇〇目玉大筒　一挺
三匁から一〇匁玉筒　五〇挺
足軽小頭　五人
足軽　五〇人
小人　四〇人

と記録がある。

六月一〇日、一艘の黒船が江戸湾の測量を目的として羽田村から一二丁（約一三〇〇メートル）の所まで進入した。時間は午後四時。『ペリー艦隊日本遠征記』（栄光教育文化研究所）には次のように記述されている。

その日の午後のうちに、提督は提督旗をサスケハナ号からミシシッピ号に移した。それから江戸に向かってさらに約一〇海里進み、浦賀の停泊地から二〇海里ほど離れていると推測される地点に到達した。江戸の港か船積み場が首都の南側にはっきりと見えたが、首都そのものは見えなかった。日本の首都は中国と同じように家屋が低いので、突き出た岬の背後にすっぽり隠れており、湾は岬の向こうで東に向かっていて、低い沖積地の海岸が湾を取り巻いていた。見えた町はおそらく江戸の郊外の品川であろう。湾の西側には神奈川と川崎という人口の集中した二つの町が見えた。

ミシシッピ号が到達した最終地点からほぼ四海里彼方に、土地が海に突き出して岬になっており、灯台のような白い塔がくっきりと見えた。この塔は江戸の船積み場あるいは港と思われる場所が見えるところから、さらに三、四海里ほど向こうにあった。こうして提督は乗艦を江戸から一〇海里以内まで進めたものと推定した。

ペリー提督が到達した羽田村沖から、土佐藩鮫洲抱屋敷までは約一・五キロメートルであり、肉眼で十分に黒船を確認することができる距離である。

龍馬が嘉永六年九月二三日、父坂本八平へ宛てた手紙には次のように書かれている。

兄（坂本権平）のところへアメリカ黒船騒動報告書を送りましたので、それをご覧下さい。先は急用のことでしたので、乱文乱筆ですから、その状況を推察して読んで下さい。異国船警備陣からは解除されましたが、来春は黒船再来航の時は再びその陣に加えられると思います。

恐惶謹言

九月二三日　龍

父上様

追伸

お手紙ありがとうございました。現金をお送りいただき、何よりの品です。異国船が処々（江戸・長崎）へ来航していますので、異国との戦争も近いでしょう。その際は異国人の首を討取って帰国いたします。

龍馬は生まれて初めて異国の海軍に遭遇し、青年らしい感情の高まりを手紙に書き込んでいた。また、アメリカのペリー艦隊来航につづき、長崎へロシアのプチャーチンが来航した情報に接して、近いうちに戦争となるだろうと危機感を募らせている。

龍馬は嘉永七年一月のペリー再来航の際も江戸に滞在していて、土佐藩の警備陣の中に加えられている。

一月二五日（洋暦二月二二日）、この日はアメリカ合衆国初代大統領ジョージ・ワシントンの誕生日であり、ペリー艦隊は江戸湾で一二六発の祝砲（空砲）を発射した。この轟音は江戸中に響き渡ったと記録されている。

龍馬はこの時、土佐藩鮫洲抱屋敷内に急造された浜川砲台にいる。八門の大砲を設置したこの砲台はペリー艦隊の再来航が予想を超えて早かったために、工事が進んでおらず、突貫工事で築造した仮建造のものだった。

一月二七日、ペリー艦隊は江戸の街が見えるところまで大接近した。「提督は脅迫を実行する決心をし、マストの先端から江戸が見える地点（Spot）まで実際に艦隊を移動したのである。提督は首都に大接近したので、夜通し町で打ち鳴らされる鐘の音（The striking of the city bells during the night）がはっきり聞こえるほどだった。」と『ペリー艦隊日本遠征記』に記述されている。

江戸が見える地点（Spot）とはどこであろうか。ペリーは第一回目で羽田村沖一二丁まで進入しており、そこよりさらに江戸城へ艦隊を接近させたのである。ペリーは品川が江戸府外であることを知っており、品川よりも江戸に近い、三田、芝あたりを品川沖から見ていたと推測される。万延元（一八六〇）年一月、最初に太平洋横断を成功させた咸臨丸は品川沖から出航しているので、大型軍艦が進入できる水深は十分にある。

龍馬が配属された土佐藩鮫洲抱屋敷内の浜川砲台は、現在の京浜急行・立会川駅付近である。ペリー艦隊が品川沖まで進入したとすれば、龍馬の目前を通過して、さらに江戸城へ近づいたことになる。龍馬はアメリカという異国の海軍に遭遇する体験をして、少年時代から持っていた異国への憧れは、侵略に対する危機感に変質していた。

坂本龍馬は嘉永六（一八五三）年一二月一日、佐久間象山塾に入門した。象山塾門人帳『及《きゆう》門録《もんろく》』にその日、大庭毅平、谷村才八、坂本龍馬、三名の土佐藩士の名前がある。

その一カ月前、土佐藩は幕府に砲台建設の「願《ねがい》」を提出している。


来春、アメリカ艦隊が再来すれば、必ず戦争になると思われます。

しかるに、吾が藩は鮫洲抱屋敷がありますので、そこに砲台を相構えて、もし賊船が品川辺りへ乗り入れてきたならば、小勢で、大砲は優れていませんが、粉骨をつくし戦います。砲台の件は追って図面を提出致します。

そして、土佐藩は大砲を自由に操作できる若者の養成に着手している。選抜した若者を高知から江戸へ送り込み、象山塾で訓練を受けさせている。その中に江戸に滞在していた坂本龍馬が加えられたのである。

土佐藩築地《つきじ》下屋敷から近い木挽町に象山塾はあった。龍馬が象山塾で学んだ時、塾頭は長岡藩の小林虎三郎が務めていた。虎三郎はオランダ語も学んでおり、象山の代行として新入生の教育にあたっていた。龍馬は虎三郎から大砲操作の基本を習ったと思われる。ただ、短期間であったので、どの程度の教育を受けたかは不明である。

この象山塾に学んだ多くの人物の中に、勝海舟と吉田松陰がいる。二人は後に大きな影響を龍馬に与えることになる。嘉永七（一八五四）年三月二七日、吉田松陰は下田でペリー艦隊に密航を求めて拒絶され、翌日、捕えられている。四月六日、松陰を教唆扇動したとして佐久間象山も投獄された。龍馬からすれば兄弟子・松陰の密航計画で師・佐久間象山に学ぶことができなくなったことになる。

龍馬は嘉永七年六月二三日、土佐へ帰国した。そして、高知で再び砲術を学んでいる。西洋砲術家・徳弘孝蔵に入門しており、その訓練記録「浜稽古径倹覚」が残っている。

安政二（一八五五）年一一月六、七日、二日間にわたる徳弘塾の西洋砲術操練が高知・仁井田浜で行われた。

使用された大砲は、

一五〇目野戦筒　一二斤《ポンド》軽砲　二四斤長カノン砲

の三門で徳弘門人、二九名が参加している。

深尾包五郎（家老山内昇之助嫡男）、桐間廉衛（家老桐間蔵人次男）、桐間安之助（家老桐間蔵人四男）、深尾丹波（家老）、山内下総（家老）、山内左織（家老）、山内昇之助（家老）、桐間蔵人（家老）、桐間将監（家老桐間蔵人嫡男）など深尾、桐間、山内五家老の一門家臣団が大砲操練を行っている。この中に坂本権平、坂本良馬《ママ》の名があり、龍馬は一二斤軽砲を打っている。

ここで問題にしておきたいのは龍馬兄弟が家老と共に大砲訓練を受けているという事実である。土佐藩は上士・下士の区別が厳しく服装、履き物まで制限があり、雨の日、土下座してまで道を上士に譲ったという。

こうした上士・下士の差別の中で龍馬が五人の家老と共に同じ日、大砲訓練を受けているのである。

幕末の混乱期なので準戦時体制だったからだという解釈もあるが、何か釈然としないものがある。

ついでにもう一つ問題提起しておきたいことがある。

長宗我部家臣団は新しく土佐の領主となった山内家臣団の下に入り、郷士となった。江戸時代を通じて上士・下士の軋轢が幕末までつづき、幕末志士を多く輩出させたという有名な公式がある。

しかし、筆者の友人、某氏は高知市の公務員で親しくさせていただいている。ある時、ご先祖の話になると、山内家の馬廻役《うままわりやく》であったという。れっきとした上士である。しかし、長宗我部家の遺臣でもあるという。

長宗我部遺臣は下士、山内家臣は上士という通例に合わない一族である。

長宗我部遺臣でも山内家馬廻役まで昇った一族もいるのである。

この問題はいつか調査したいと思っている。

閑話休題

徳弘孝蔵は天保十二（一八四一）年一二月に江戸で下曽根金三郎信敦に入門し、高島流の西洋砲術を学んでいる。天保十三年六月に免許皆伝となった。

また、西洋砲術に必要な火薬製造法も学んでおり、孝蔵は下曽根から洋式鉄砲用火薬の調合や製法に関する免許を取得していた。孝蔵は土佐へ帰国後、土佐藩の西洋砲術師範として、土佐藩士に西洋砲術、西洋兵学を中心とした西洋軍事科学を教えており、短期間だが象山塾で学んだ龍馬は、帰国後、自ら徳弘孝蔵塾に入門したと考えられる。

徳弘家に所蔵されていた書籍は現在、高知市民図書館に収蔵されており、教育水準の高さを窺うことができる。ただ、徳弘家が昭和五十五年一二月、火災に遭い多くの史料が焼失してしまったため、現在はその一部が保管されているのみである。

孝蔵自筆の「書籍及図類等目録」によれば砲術、火薬、軍事関係以外に次のようなものがあった。

『輿地誌略』（青地林宗訳）
『東韃紀行』（間宮林蔵著）
『遭厄日本紀事』（杉田立卿・青地林宗共訳）

『ナホレヲン伝』（小関三英訳）
『阿片始末』
『野作雑記』（馬場佐十郎訳）
『阿芙蓉彙聞』（塩谷宕陰編著）
『西洋小史』（長山樗園著）
『西洋記聞』（新井白石著）

こうした書籍が徳弘孝蔵塾に収集されていた事実は注目に値する。土佐国高知という江戸から遠く離れた場所においても、情報の収集は何ら遜色なく行われていたと推定できるのである。

徳弘孝蔵には二男三女の子供がいた。嫡男・数之助は天保三（一八三二）年生まれで、龍馬より三歳年上である。数之助は西洋砲術の教育を受けることになる。天保十三年、数之助十歳から砲術修行が始まった。嘉永三（一八五〇）年、数之助十九歳の時、藩主山内豊信《とよしげ》（容堂）の参勤交代に随行して初めて江戸へ出た。この時、父の師・下曽根金三郎に入門した。安政二（一八五五）年四月、数之助二十四歳で再び出府し、佐久間象山の高弟・蟻川賢之助の門を叩いている。安政五（一八五八）年八月、数之助は「大坂御警衛御用」を命ぜられて九月四日、江戸から大坂へと旅立った。大坂に着任してすぐに藩の許可をもらい緒方洪庵の適塾に入門しオランダ語の修得につとめている。

この数之助に坂本龍馬がオランダ語を習ったという口伝が高知にある。安政六（一八五九）年六月、数之助は大坂から一旦、土佐国へ帰国する。次に数之助が出国し江戸へ向かうのは文久二（一八六二）年六月である。約三年間は高知で西洋砲術指南の父を補佐している。坂本龍馬脱藩は文久二年三月である。数之助帰国の安政六年六月から、龍馬脱藩の文久二年三月までの三五カ月（安政七年は閏年で一三カ月ある）、両者は高知に在住している。

龍馬は徳弘孝蔵の門下生として砲術修行をしているので、数之助と龍馬が接触する可能性は十分にある。龍馬が数之助にオランダ語を習ったという口伝は、信憑性が高いように思われる。ただ、オランダ語の文法といった専門的な語学学習ではなく、砲術に関係するオランダ語の意味といった初級学習であったろうと推測される。龍馬は西洋軍事科学を習得する機会を得て、洋学への目を開かれたのである。

二

嘉永七（一八五四）年六月二十三日、坂本龍馬は江戸から高知へ戻った。偶然にペリー艦隊が浦賀に姿を現したことにより龍馬の人生も大きく変化した。剣術修行が砲術修行となり佐久間象山の門下生となった。

異国はアメリカ海軍という具体的な形で龍馬の身近に迫ってきた。

高知へ戻った龍馬は十一月末、上町《かんまち》の近くの築屋敷《つきやしき》（日根野道場がある町）に仮の寓居をかまえた河田小龍《かわだしょうりょう》という絵師を訪ねた。

小龍は文政七（一八二四）年に高知城下の浦戸町（現、南はりまや町）に生まれているので、龍馬より十一歳年上である。

十二歳で画家として立つことを決意し、島本蘭渓《らんけい》の門下生となり、ほどなく林洞意の門に移り狩野派の技を修行する。

弘化元（一八四四）年二十三歳のとき藩の重臣吉田東洋に従い京坂に遊学。書を篠崎小竹、画を狩野永岳に師事した。嘉永元（一八四八）年、京都二条城襖絵の修理に際しては、狩野門下から選ばれて、師永岳と共にその技を発揮した。

嘉永二（一八四九）年には長崎に遊学、同四年正月には江戸へ出て見聞を広めた。同五年にはアメリカより帰国したジョン万次郎の情報を聞いている。

何故、小龍が万次郎の情報聞き役になったのか。それは画才である。写真のない時代である。画の技術により海外事情を見てみたいという藩上層部の意向があったのだろう。

そして出来上ったのが図説入りの『漂巽紀略《ひょうそんきりゃく》』（全五巻）である。

巽《たつみ》（南東）の方角に漂流した紀行の略記という意味である。今でいえば、写真入り漂流記という記録本というところである。

海図、帆船、漁具、旗、鯨、動物、文字、ボストン港の風景、汽車、コイン、人物などの画が入った珍本となっている。

漁師の少年が漂流してアメリカ本土まで行き、教育をうけて捕鯨船に乗り各地を見聞し、カリフォルニアのゴールドラッシュの中、金山で採掘し、その金を資金として帰国したという話は小龍の好奇心を刺激した。小龍は万次郎を自宅に住まわせ、漁師の少年に正しい日本語を教えながら、漂流中のこと、アメリカの国家の仕組みまで聞き出している。また、逆に小龍も万次郎から英語を学んでいる。小龍が師になり、万次郎が師になりという共同生活は、河田小龍という人柄があってこそ成り立ったのである。

当時の武士には不可能な事情聴取であった。

こうした小龍であったので、龍馬も足繁く通うことになる。このような交流の中で龍馬は海外情報を吸収したと思われる。

また龍馬は昨今の情勢から、これから日本はどのようにすべきかという質問をしている。

小龍が、

〈一艘の外国船を買い、同志を集めてこれに乗せ東西を旅行する人、荷物を運搬することを商売として、船員の人件費を賄い、海上を航行すれば段々と熟練していく。盗人を捕えて縄を造る例の泥縄式だが、今日から始めれば、遅いということはない。〉

というと、龍馬は拍手して喜んだという。

龍馬が、

〈船や大砲は金があれば買えるが、それを使いこなす同志がいなければ仕方がない。私はこれに困っている。何か方法はないだろうか〉

と質問すると、

小龍は、

〈金のある者は志がない。身分は低いが才能はある、志もあるが金はない。それで困っている人も多いのだ。そうした人を用いれば、同志は大丈夫だ。〉

と答えた。

龍馬はそれに同意して、私は船を手に入れるので、あなたは同志を作ってくれと言ったという話が『藤陰略話』という河田小龍の著述に載っている。

龍馬二十歳の時の話である。アメリカ海軍を目撃して帰国した龍馬が次第に、現実味を帯びた行動を開始していく頃である。

『漂巽紀略』そのものを龍馬は見ていないと思われる。

小龍は嘉永七（一八五四）年八月、九州に渡り薩摩の大砲鋳造法の図を描き、長崎では木下逸雲に師事して清朝（中国）南画の画法を学んで高知へ戻った。高知城下にたどり着いた日、十一月五日に大地震に遭い自宅を焼失した。十一月二十七日、改元し安政元年となるので、〝安政の大地震〟とも云われる。

自宅が焼けたために、小龍は築屋敷に仮の居宅を構えたのである。ジョン万次郎関係の資料は全て焼失したと思われる。

しかし、小龍は絵師であり、画才と記憶力で、ジョン万次郎からの海外情報をある程度、龍馬に伝えたのではないだろうか。


ジョン万次郎が宇佐浦の漁師伝蔵と弟五右衛門と共に沖縄に嘉永四（一八五一）年一月三日に上陸したあと、薩摩、長崎を経て高知へ戻ったのは嘉永五（一八五二）年七月十一日である。その時の土佐藩主・山内豊信《とよしげ》は二十五歳にして聡明な頭脳と進歩的な考えの持主で、大目付吉田東洋に万次郎ら三人の聞き取りを命じた。万次郎は一度、故郷土佐国幡多郡中ノ濱へ戻ったが、すぐに高知に呼び戻されている。

嘉永五年十二月四日、一人扶持、御小者という最下級の武士となり、藩校・教授館《こうじゅかん》で英語を教えた。

翌六年六月三日、ペリー艦隊が浦賀に来航し、十二日に退去した。そのあと万次郎は江戸表に呼び出されることになる。

開港論者・大槻磐渓《ばんけい》が林大学頭に万次郎を推挙し、林が老中阿部正弘に万次郎を推挙することになる。

そして老中から土佐藩江戸屋敷の留守居役広瀬源之進に万次郎を江戸へ呼び寄せることを命じた。

万次郎は嘉永六（一八五三）年八月一日、高知を出発し、江戸着が八月三十日だった。

万次郎は江戸鍛冶橋の土佐藩上屋敷に入った。この時、龍馬は江戸築地の土佐藩下屋敷にいた。

龍馬が父坂本八平にあて書いた嘉永六年九月二十三日の手紙には
〈異国船御手宛の儀は先免ぜられ候が、来春は又人数に加はり可申奉存候。〉

と書いてある。異国船警戒体制は九月までつづいていたと分る。

一方、万次郎は江戸に来たことがすぐに広がり、海外の事情を聞こうとする者が多かった。

しかし藩邸の警護は厳重で許可を得た幕府の高官でなければ面会はできなかった。

それは、幕府による万次郎のアメリカ事情の聞きとりの方が緊急で優先されたからである。

早速、老中阿部伊勢守は万次郎を召し出した。そこには林大学頭、勘定奉行川路左衛門尉聖謨《としあきら》、伊豆韮山代官江川太郎左衛門という幕府中枢部の側近もいた。

すぐに、海外事情について質問したところ、万次郎の応答が明解で、理解しやすく、要を得ていたので皆を満足させた。

その後、阿部伊勢守に招かれてアメリカの情勢を説明したり、川路左衛門尉や江川太郎左衛門も、しばしば万次郎に会って説明を聞いた。

江川太郎左衛門は砲術家として有名で、外交に詳しく、万次郎を自邸に招き対話をしたい旨、幕府に願い出て許可を得た。

その頃、江川は幕府の命で蒸気船の製造にとりかかっていたので万次郎の知識を必要とした。

江川は万次郎を自分の配下として登用したい旨、願書を幕府に提出して許可された。

そして、十一月五日、松平土佐守（山内豊信）家来、中濱万次郎として、幕府、御普請役に召し抱えられ、御切米二拾俵二人扶持をもらう幕府直参となった。

江川の希望は実現し「手付け」（配下、秘書）として十一月二十五日、引き渡された。

龍馬からは次第に遠い存在になっていく万次郎だったが、後に土佐藩が上海で軍船を買い入れる時、通訳として中濱万次郎が長崎に来ることになる。その頃、龍馬は海援隊を組織して長崎にいる。

三

文久二（一八六二）年三月、坂本龍馬は土佐藩を脱藩し、この年の暮までに勝海舟の門下生となっている。海舟は安政七（一八六〇）年一月一三日、アメリカに向け幕府軍艦・咸臨丸で出航し、二月二六日、三七日間の航海の末、サンフランシスコ港に投錨した。翌二七日、市長が一二人の区長を伴って咸臨丸を表敬訪問し、市をあげて歓迎レセプションがホテルで開催されている。サンフランシスコ市は友好国から初めて訪れた日本人を温かく迎えてくれたのである。

それから五〇日間、海舟は時間の許す限り、米国社会を見て歩いた。その見聞は『海軍歴史』に詳細に記述されている。サンフランシスコの地勢から始まり、砲台、市街の様子、便船、病院、造幣局、印刷所、劇場、造船所、ドック、サクラメントの金山、ガス灯、消火栓などが記録されている。

当時、サンフランシスコは人口六万二千人という小都市であった。一八四八年に始まったゴールドラッシュで急速に拡大した町である。大陸横断鉄道も東から線路の敷設が進んでおり、太平洋岸の貿易港として発展しつづける町だった。

こうしたアメリカについての情報は、海舟自身から坂本龍馬に折にふれ語られていたと思われる。龍馬はアメリカ合衆国という異国を海舟からの情報で理解していた。しかし、龍馬はその前に、アメリカから帰国したジョン万次郎を高知で取調べた河田小龍からもアメリカ情報を聴いている。

この二つの情報を比較すると、海舟の情報は渡米の体験者からの直接情報である。また海舟と龍馬という師弟関係を考えると、長時間にわたって伝達された膨大な情報量となる。それに比較し、河田小龍からの情報はジョン万次郎経由の間接情報であり、龍馬は二度河田小龍を訪れただけである。したがって海舟の情報は河田小龍の情報より、具体的、詳細、多量であったと思われる。

海舟は明治期になって東アジア構想について語っている。この構想は龍馬のこの後の活動を考えていく上で重要なものである。海舟は『氷川清話』の中で次のように語っている。


兵庫海軍練習所の事は、これまで世間に秘して居たけれど、今になっては、もはや公にしてもよかろうから、君に見せようとて、『海舟秘録』を示さる。中に曰《いわ》く。

「文久の初、攘夷の論甚《はなは》だ盛にして、摂海守備の説、亦囂々《またごうごう》たり。予《よ》建議して曰く、宜しく其規模を大にし、海軍を拡張し、営所を兵庫・対馬に設け、其一を朝鮮に置き、終に支那に及ぼし、三国合縦連衡して西洋諸国に抗すべしと。」

日本、朝鮮、清国との連合を視野に入れた構想を基にして神戸海軍操練所は設立されていたのである。

この連合機構構想は海舟から龍馬へと伝えられており、次節でとりあげる竹島開拓へと展開していくのである。

もう一人、坂本龍馬に海外情報を伝えた人物がいる。長州の高杉晋作である。晋作は清国上海《シャンハイ》へ渡航していた。

幕府は、安政条約で約束した一八六二年一月一日（文久元年一二月二日）の江戸開市と、一八六三年一月一日（文久二年一一月一二日）の大坂開市、兵庫開港の延期を諸外国と交渉するため、ヨーロッパへ使節の派遣を検討していた。その中で幕府は幕使従者の名目で諸藩が推挙した藩士の随行を許した。

その情報を得た周布政之助は、藩主毛利慶親の賛意を得て、藩主小姓の杉徳輔、世子小姓高杉晋作を随員として送り込もうとした。しかし幕府は萩藩からの随員を一名だけとしたので、杉徳輔が選ばれた。一一月一日、勘定奉行兼外国奉行・竹内保徳以下三六名の遣欧使節団が決まった。

萩藩は、高杉晋作のために別の機会を待った。老中と外国掛の役人が上海の状況を視察し、同時に出張貿易を兼ねる渡航を計画していた。これを萩藩江戸留守居役・小幡高政《おばたたかまさ》が知って、使節の一人小人目付の塩沢彦次郎に工作して、高杉晋作を随員に加えることに成功した。

晋作が上海行きの暇《いとま》を世子からもらったのは文久元年一二月二三日である。すでに陸路江戸を出発していた幕使を追うように、晋作は文久二（一八六二）年正月三日、江戸桜田の藩邸を出発した。

しかし、長崎奉行・高橋美作守は現在、上海近傍は長髪賊と清国軍が戦っているので、このような時に渡海して不都合が生じてはまずいと判断し、出航は遅れることになる。

渡海に使用する船が決定したのは三月に入ってからであった。幕府は長崎で西洋帆船・アーミスティス号を三万四千ドルで購入し「千歳丸《せんざいまる》」と命名した。

四月二九日、千歳丸は午後五時、長崎港を出航した。一週間の航海のあと、五月六日午前九時半、上海フランス租界にあるオランダ領事館近くの黄浦江岸に投錨した。これから約二カ月間、高杉晋作は上海に滞在している。この旅の記録が『遊清五録』『航海日録』『上海掩留録』『外情探索録』『内情探索録』『崎陽雑録』に詳細に記述されている。

インドを支配したイギリスの東インド会社は、その経営に必要な銀を得るために、大量のインド産阿片を清国に輸出した。阿片は急速に広がり、多くの人々が阿片中毒者となり、銀は国外へ大量に流出した。清国政府は欽差大臣・林則徐を広東へ送って、イギリス商社所有の阿片二万箱を没収して、焼却する強行手段をとった。それがヨーロッパ勢による中国大陸侵略の端緒となった。

一八四一（天保十二）年から翌年にかけて、強大な軍艦と陸軍を動員してイギリスは清国を屈服させ、一八四二年八月二九日、南京条約で香港を割譲し、広東《カントン》、厦門《アモイ》、上海《シャンハイ》、寧波《ニンポー》、福州の五港を開港させ、没収阿片代金六〇〇万元、公行負債三〇〇万元、遠征軍事費用一二〇〇万元、合計　二一〇〇万元の支払いを約束させた。巨額な賠償金である。

さすがの清国も一度に支払うことができず、

寅年（一八四二）六〇〇万元

卯年（一八四三）六〇〇万元〈六月三〇〇万、十二月三〇〇万〉

辰年（一八四四）五〇〇万元〈六月二五〇万、十二月二五〇万〉

巳年（一八四五）四〇〇万元〈六月二〇〇万、十二月二〇〇万〉

と四年七回に分けて分割払いをしている。これが弱肉強食の世界の現実である。

支那が何故このように衰微したかを考えるに、外夷を海外に防ぐ道を知らなかったことにつきる。万里の波濤をしのぐ軍艦、軍用船、敵を数十里のそとに防ぐ大砲なども製造せず、海国図志なども絶版し、いたずらに古い説をとなえて因循むなしく歳月を送り、太平の心を改めて、敵地に敵を防ぐ対策を立てなかったからである。（『東行先生遺文』）

そして、上海についても冷静に分析している。

上海が繁昌しているといっても、つまるところ、外国人が繁栄しているのであって、支那人はただ外国人に使われているにすぎない。港の税金も外国人にとられてしまう。法令もゆきわたっているのは城内だけで、城外は外国の勝手次第。今年正月長髪賊が上海を攻撃した時も、英仏に救援を求めてようやく退けることができた。このように敵とすべき外国人に援兵を請い、自分の領地も支配も外国人のほしいままにされ、港の税金もかすめ取られるなど、いかに上海が清国の南辺の地とはいえ、北京を去ることわずか二、三百里、中央政府の政治が行き届かないはずはなく、実に廉恥地を払うこと言語に絶する。わが神州も早急に攘夷の策をめぐらさなければ、ついに支那の覆轍《ふくてつ》を踏むことになりかねない。

（『高杉晋作全集』「支那上海港形勢及北京風説大略」）

第一次阿片戦争である。

この後、混乱の状況を救わんと客家《ハッカ》出身の洪秀全が清朝を倒して理想郷「太平天国」を築こうと呼びかけ、一八五一（嘉永四）年一月、一万五千人を導いて広西省に兵を挙げた。一八五三（嘉永六）年三月、南京を占領し、「太平天国」軍は二〇〇万人に達した。しかし、清国軍は劣勢を立直し、一八五八（安政五）年、湖南、湖北で太平天国軍を破った。

その一〇月、広東《カントン》でイギリス船籍アロー号が、海賊船の容疑により清国官憲の検問をうけて国旗を引き降された。広西《カンシー》ではフランス人神父殺害事件が起きた。

イギリスとフランスが清国政府に圧力をかける口実を握った。

英仏連合軍にアメリカ、ロシア行使が合流して天津《テンシン》にせまり、天津条約を強要した。その批准を拒否した清国政府に対し、一八六〇（万延元）年一〇月英仏軍は再び天津を攻略、北京に入城して北京条約を追加する。九龍《クーロン》をイギリスに与え、天津、漢口など十港を開き、カトリック教会を許し、阿片貿易を公認させた。第二次阿片戦争である。

こうした清国の混乱を上海でつぶさに観察した高杉晋作は、何故、西洋諸国の侵略を許したかという命題に結論を出している。

この、晋作が上海で得た情報は坂本龍馬に伝えられている。

勝海舟の渡米は万延元（一八六〇）年であり、高杉晋作の上海渡航は文久二（一八六二）年である。この二人からの情報は全く異なった内容である。友好的なアメリカと、侵略で荒廃する清国の実情。龍馬はこれらの情報によって、東アジアへの視線を強めていく。

師・海舟の三国連合という構想も土佐藩海援隊として、具体的な活動の核に位置づけようと龍馬は考え始めている。

四

坂本龍馬は慶応三（一八六七）年、竹島開拓を目指していた。この竹島は、現在、日本と韓国との間で領有をめぐって問題となっている竹島ではない。

幕末期に現在の竹島は松島と呼ばれていた。龍馬が開拓を目指した竹島は現在、韓国が領有する鬱陵島《ウルルンド》のことである。鬱龍島は北緯・三七度二九分、東経・一三〇度五四分にある島で、総面積は七三平方キロメートル、東京都世田谷区と渋谷区を合わせた広さがある。

現在、問題となっている竹島（幕末期の松島）は、北緯・三七度一四分、東経・一三一度五二分にある。この島を韓国では独島《トクト》と呼んでいる。鬱陵島と現在の竹島の間は約九二キロメートル離れている。

龍馬が幕末期に竹島（鬱陵島）を目指す前に、元禄時代、この島の領有をめぐって、日本と朝鮮で問題となったことがある。釜山《プサン》の倭館で元禄六（一六九三）年から日朝両国間で外交交渉が開始された。それから足かけ三年にわたって交渉がつづくが、決着せず、交渉にあたった対馬藩は藩主宗義真が幕府と協議することにして江戸へ参府した。幕府は老中阿部豊後守が鳥取藩にも質問を行い、解決の方策をさぐることになった。

元禄九（一六九六）年、日本人の渡海禁止ということで結着した。

しかし、幕府の渡海禁止令は、竹島への渡海が鳥取藩内の者に限られていることもあって、鳥取藩にだけ通知され、全国的には禁止令の周知は行われなかった。そのために、幕末期に先ず吉田松陰が竹島を目指している。松陰は嘉永三（一八五〇）年八月、萩を出発し、九州へ遊学している。平戸では葉山佐内を訪ねて、その蔵書を五〇日にわたって読破し、詳細に阿片戦争の記録を調べている。

清国が阿片戦争の賠償金をイギリスに支払っているが、二一〇〇万元を七回に分割したという詳細な数字も松陰の『西遊日記』には書き込まれている。松陰の危機感は強く、竹島がもし、イギリスの手中に落ちれば長州が危いと考えたのである。

松陰は桂小五郎、久坂玄瑞に手紙を書き、竹島開拓を幕閣に働きかけるよう指示している。しかし、松陰が生きている間に、幕府への建言書は提出されなかった。万延元（一八六〇）年七月に、村田蔵六（大村益次郎）、桂小五郎の連名で幕府へ「竹島開墾建言書」が提出された時、松陰は既に安政六（一八五九）年一〇月二七日に処刑されていた。村田・桂が提出した建言書について幕府の長州藩への回答は不可であった。

坂本龍馬は、吉田松陰が竹島開拓を目指した件を知らずに、再び竹島開拓を計画していたのである。その原因もまた、竹島渡航禁止令が周知徹底されていないことによる。

幕府は江戸期、火災によって重要書類を焼失させている。長州藩から竹島開墾建言書が提出されても、その問題を調査するのに長い時間が必要で回答も遅れている。また法令の周知も高札によって行われているが、充分とは言えない状況である。こうした幕末期の日本近海への異国船は頻繁に出没するようになる。

竹島（鬱陵島）は朝鮮政府によって空島政策がとられて無人島となっていたために、フランスはダジュレー島と命名し、イギリスはアルゴノート島と命名している。

坂本龍馬は長崎で竹島（鬱陵島）に関する情報を入手し、渡航する計画を立てていた。慶応三（一八六七）年三月六日、印藤聿にあてた手紙には具体的な計画が書かれている。

渡海に使用する船は大洲藩から借りた船と書かれているので「いろは丸」を使うと分る。この船は瀬戸内海で慶応三年四月二三日、紀州藩船・明光丸と衝突して沈没しているので、この竹島開拓は実施されなかった。

第七段　大洲の船、石灰の消費量は一昼夜で一万五千斤です。故に二万斤ぐらいを用意する見込です。菜たね油は一昼夜で一斗は必要です。

この竹島は地図で測算すれば、九十里ばかりでしょう。

先頃、井上聞多が竹島に渡った者から聞いたところでは百里でしたが、だいたい同じです。

竹島に渡ったことがある者の話では、楠木によく似ている樹木もあり、島全体に広く新しい樹木も生えています。その他、一里から二里もあるような平らな土地もあるそうです。島の周囲は十里ぐらいと、私がかって長崎にて聞いた情報と似たような話ですので、情報源は同じでしょう。竹島に下関から行って、単純に帰って来るのであれば三日間ぐらいで往復できるでしょう。

龍馬は下関から竹島（鬱陵島）へ回航するつもりでいる。いろは丸が大坂で仕事を終えて帰路、下関へ戻って、そして竹島へ向かう計画である。龍馬は何故この渡航が必要なのかという理由を明確に書いている。

第十段　お頼み申し上げたいことは、三吉慎蔵及びあなたの竹島行きが難しくても、山に登っては、樹木を見て、木の名を調べ、土地を見ては稲、麦の栽培が、山では桑の木、はぜの木の栽培が可能か、不可能かを調査する者。また一人海に入り、貝類、魚類、海草などを調べる者。（お世話してくださるかと、お頼みしたいことはこの事なのです）

この件、私には一生の思い出とし、良い樹木、海中の良い海産物を得ることができれば、人を移動させ、自然の恵みを得る喜びを感じるでしょう。

諸国浪人たちに命じて、この竹島を開拓したいと思う気持でいっぱいです。

以上、お頼みいたします。龍

三月六日、寝られないままに筆をとりました。

印藤先生

左右

樹木、農産物の調査の専門家、海産物の専門家を紹介して欲しいという依頼の文章がある。その後に諸国浪人たちに命じて、竹島開拓を行いたいと龍馬は書いている。龍馬の周囲では多くの若者たちが生命を落としている。無駄な死、悲惨な死を龍馬は見つづけているのである。

慶応二（一八六六）年五月二日、亀山社中が薩摩藩の後援で新しく購入した小型帆船・ワイルウェフ（ワイルド・ウェーブ）号が五島・塩屋崎で転覆、一二名の仲間を喪っている。この中には弟のように可愛がった池内蔵太も含まれている。元治元（一八六四）年六月には池田屋事件で北添佶摩、望月亀弥太、越智正之、伊藤弘長、石川潤次郎らが生命を失っている。龍馬はこうした土佐人以外にも、多くの他藩の友人の死を見てきている。こうした若者たちが、生きる喜びを知るような仕事が有りはしないかと考えつづけているのである。

竹島開拓が実施されれば、動乱の中からこうした若者を移動させ、自然の恵みを得る喜びを感じさせたいと思っているのである。

そして、この竹島開拓は前節で触れたように師・勝海舟が構想する日本、朝鮮、清国の三国連合の中で実施可能となるのである。海舟は神戸海軍操練所と同じ操練所を対馬、朝鮮、清国に創設し、日本人が操船技術をアジア人に教育する計画だったと話している。

土佐藩海援隊となった龍馬たちの組織は『福岡孝悌手録』に次のように記録されている。

海援隊　脱藩ノ者、海外開拓ニ志アル者皆是ノ隊ニ入ル。国ニ付セズ暗ニ出崎官ニ属ス。運船射利、応援出没、海島ヲ拓キ五州ノ与情ヲ察スル等ノ事ヲ為ス。

海外開拓、無人島を開拓し世界の情勢を調査するという目的が明確に書かれている。若者に希望を持たせる仕事という龍馬の願い。師・海舟の三国連合構想。土佐藩海援隊の目的。この三つを同時に実現させる一石三鳥の計画がこの竹島開拓計画だったのである。

しかし、いろは丸沈没によってこの計画は中止となっている。慶応三（一八六七）年四月二九日、いろは丸沈没の情報が長崎の土佐商会に伝えられると池道之助は日記に「実に不安」と書いている。

しかし、この土佐商会から竹島を目指して四月三〇日に出港した男がいる。岩崎弥太郎である。英国オールト商会の所属の船を借りて、土佐藩の事業として竹島へ向かっていった。岩崎弥太郎の日記『瓊《けい》浦《ほ》日歴《にちれき》』によると、五月六日、岩崎の船は唐津へ帰港している。五月一日から五日までが空白となっており、この間に竹島へ上陸しているようである。後に後藤象二郎夫人の雪子が『伯爵後藤象二郎』で次のように語っている。

> 岩崎弥太郎氏が鬱陵島に標柱を建つるの事は岩崎氏の発意に非ず。全く後藤の内命に出でたるものなり。

標柱には「大日本土州藩の命を奉じ、岩崎弥太郎この島を発見す」と書かれていたと言われるが、この時点でも鬱陵島は無人島だという認識である。坂本龍馬、岩崎弥太郎、後藤象二郎、三人は無人島と思い込んでいる。幕末期において、国境という問題がいかに曖昧であったかということを良く示している事例である。

吉田松陰も、当初は竹島（鬱陵島）を無人島、どの国にも所属しない島と思い込んでいた。しかし、軍学者であった松陰は途中で竹島（鬱陵島）は朝鮮領土であることに気付いている。

安政五（一八五八）年七月一一日、吉田松陰が桂小五郎にあてた手紙には次のように書かれている。

> 竹島論、元禄度《げんろくど》朝鮮《ちょうせん》御《お》引渡《ひきわたし》の事に付六ヶ敷《むずかしく》もあらん

竹島は元禄年間に日本が朝鮮へ引渡しているのでむずかしいでしょうと言っているのである。

その文章の後に松陰は次のように書き加えている。

> しかし、現在、大変革の際であれば朝鮮へかけ合い、今、竹島が空島のままであれば無益ですので、日本が開墾すると交渉すればこれに異論はないのでは。もし、またすでに外国の手中にあるのならば、捨てておくわけにはいきません。外国の前進基地となっていれば、吾が長州は危険です。しかし、すでに外国の所有となっているのならば致し方ないです。

開墾を名目として渡海すれば、これすなわち渡海雄略の最初になります。

松陰の危機感は強く、幕府に朝鮮と再度交渉をして竹島開拓を日本が実施することを提案している。この危機感は龍馬には感じられない。松陰が開拓を計画したのは安政五（一八五八）年、龍馬が開拓を目指したのは慶応三（一八六七）年、九年間の差がある。この時間の差が危機感の強弱として表われているのだろうか。

吉田松陰と坂本龍馬、この二人の違いは出自にある。

松陰は長門国萩藩士・杉百合之助の次男として天保元（一八三〇）年に生まれた。家禄は二六石であったが、五歳の時、山鹿流兵学師吉田家の仮養子となった。六歳で義父吉田大助が没したため、吉田家八代目を継ぎ、その教育は渡辺六兵衛、林真人、玉木文之進、石津平七らの高弟が代理した。十歳で明倫館の教授として山鹿流兵学を講義する。十一歳で藩主に『武教全書』戦法篇三戦の条を講義する。

十二歳で波多野源左衛門に馬術を学び、十六歳で山田亦介の門に入り、長沼流兵学を修め、十七歳で長沼流兵学の免許を受けている。この年、守永弥右衛門から萩野流砲術を伝授され、山田宇右衛門から『坤輿図識《こんよずしき》』を贈られて外患を憂えて防備のことを講究す。

と吉田松陰年譜には書かれている。幼年期から兵学者としての教育を着実に身につけて松陰は成長していった。

一方、坂本龍馬は五、六歳で入塾する寺子屋へ十二歳で遅れて入り、わずか三カ月で退塾してしまった郷士の次男坊である。

松陰は十七歳で箕作省吾の『坤輿図識』を贈られて外交の軍事力を憂えて国防を講究しているが、龍馬は箕作省吾が作成した『新製輿地全図』を継母伊与の実家で見ているだけである。十九歳でペリー来航に遭遇して、初めて異国を意識している。

そして、龍馬に有って、松陰に無いものはアメリカ情報である。師・海舟から伝えられた情報は危機感を強める情報ではなかったと思われる。異国が全て敵ではなく、友好的な国もあるという情報は強い危機感をいくらかは緩和させているようにも思われる。

また坂本家の本家が才谷家という商家であったため、経済から異国を見るという視点が龍馬にはあったと思われる。

第三章

刀を通して龍馬を見る

一

幕末期に活躍した武士の中で、愛刀家というとまず思い浮かぶのが勘定奉行川路聖謨《かわじとしあきら》である。ロシアから来航したプチャーチンと交渉をした時、土産品として大慶直胤《たいけいなおたね》という刀剣を大刀、小刀、二振り贈っている。直胤は川路と親交のあった刀鍛冶で、名工として今でも人気がある。

川路が刀剣を好むことは広く知られておりロシアとの交渉が終わって長崎からの帰路、筑前藩主黒田長溥《ながひろ》は家宝の正宗、行光、神息などを含めておびただしい刀を城内から街道ぞいの茶屋に運び、昼休みをとる川路に鑑賞をさせている。

その中の八割ぐらいは川路の鑑定が的中したという。そして、最後の方にどう見ても、若い（新しい）刀があり、兼定のように見えるが、どこの刀とも鑑定しがたく、上手くできているが愚眼では分らないとつぶやいた。すると長溥は、実は私が抱えている刀鍛冶が去年、作ったものだと白状した。

これはちょっとした悪戯で、相手の鑑定眼を試したのである。

兼定に見えるような上手と川路が誉《ほ》めたので、長溥は喜び、この刀鍛冶に二本作らせて贈りますと約束をしている。

刀剣は作った時代によって、作った国によって、また刀鍛冶の所属した流派によって、皆、違うのである。砂鉄、焼き入れの温度、鍛錬の方法によって、鉄の色、輝き、刃文の形、全体の姿が異っている。

鑑定は日本の歴史を知り、地理を知り、刀鍛冶の流派を知らないと、的中はしないのである。鋭い感性を必要とするもので、一般の武士には出来ない。

腰に二本差しているからと言って、自分の刀がどのような刀かを、分っている武士は少ない。鑑定には基本があり、習練を重ねて身につけるものである。鑑定には適性があり、鋭い感性と審美眼のない者はいくら習っても身につかない。

川路は八割を当てたという、どこで習ったか分らないが、やはり感性が研ぎ澄まされた人だったと判る逸話である。

坂本龍馬が書いた手紙を読んでいると、刀剣のことがよく出てくる。慶応三（一八六七）年十一月十三日と推定されている陸奥陽之助（宗光）にあてた手紙は、陸奥が龍馬に短刀の鑑定を依頼した、その回答である。

やはり龍馬も川路聖謨のように鑑定ができたのである。

「この海援隊の中で、二本差さなくても（武士をやめても）食っていかれるのは、俺と陸奥ぐらいだろう」と龍馬が言ったという伝説がある。何をやっても世間を渡っていけるという龍馬の自信である。いくつも特技を持っていたのであろう。刀剣鑑定もそのひとつではないだろうか。陸奥には鑑定の知識がなかったので龍馬に依頼したのである。

二人は京都にいて龍馬は「近江屋」、陸奥は「沢屋」に投宿していた。十一月十五日に龍馬は殺害されている。その二日前である。

〈慶応三年十一月十三日（推定）龍馬より陸奥陽之助あて〉

一、あなたにさし上げると約束した脇差は大坂からの使者が帰らないのでわかりません。

一、只今、あなたが使者に持たせて私のところへ届けた短刀は、私がさしあげようと申した私の脇差よりは、余程よいものです。但し中心《なかご》の銘及び形です。これはまさしく、本物です。

大坂から脇差が研ぎ上って戻ってきた時は、あなたに見せましょう。

一、私の長脇差を見たいとのことお見せいたしましょう。

十三日

自然堂　拝

陸奥老台

自然堂は坂本龍馬の号。
陸奥老台は陸奥老人と若い陽之助をからかっている。
手紙は刀剣のことだけで、その他は何も書いていない。鑑定が明解に書かれている。
この一通だけで龍馬の鑑識眼が分る。

ではどこで習ったのであろう。龍馬の生まれた高知上町の屋敷は表門が本町通《ほんちょうどお》りで、裏門は水通町《すいどうちょう》に面している。

この水通町は道の中央を小川が流れているのでこの名がある。ただし、現在は南側の道だけ自動車が通れるよう幅を広げているので水は中央を流れていない。北側の細い道幅が幕末のままである。

この水通町は多くの職人が住んでいた。かなりの職種の職人がいた。その中に刀剣関係の職人がいる。刀鍛冶、研師《とぎし》、鞘師《さやし》、白銀師《しろかねし》、塗師《ぬし》、と刀剣が鉄の塊から一本の刀に仕上までの職人が住んでいた。水通町は高知城下唯一の刀剣関係の職人街を形成していた。どこの城下でも必ず存在する職人街である。

龍馬が裏門を出ると、こうした専門職が毎日、働いていた。そうした環境の中で育ったのである。子供にとって興味深い光景ではないだろうか。

こうした中で自然に職人たちとの交流が始まり、鑑定まで出来る青年に育ったと思われる。山の中で育った中岡慎太郎と違うところである。

二本差さなくても食っていけると言う龍馬は、幾人かの職人からその技術を習っているかもしれない。

郭中《かちゅう》（城の周囲）で育った上士の子弟とは違うところである。郭中は上士だけが住んでいる。ただ職人街で育った子供が全てその技術を吸収できると限らない。龍馬は鋭い感性と、忍耐力でその技を習得したのではないだろうか。龍馬は強い好奇心を持っていたと思われる。後に船の操船技術を身につけるのも、この好奇心である。

龍馬は書籍を読まなかったといわれるが、刀剣関係の書籍は読んでいたと思われる。

『古刀銘盡大全』（全九冊）寛政四年刊

『本朝鍛冶考』（全十二冊）寛政七年刊

などは幕末期に存在しており、全国的に販売されて高知にもあったようである。

平安・鎌倉から江戸時代までの刀鍛冶の名前を覚えるところから鑑定の学習は始まる。

武士の教養として、戦国時代の武将たちが信長から、秀吉から、家康から、何という名刀を拝領したかを覚えておくことも、必要だったかもしれない。

刀剣は武器であり、その時代の戦闘様式で形状が変化する。

蒙古襲来時には長い太刀《たち》が使われ、戦国時代になって火縄銃が使われ始めると刀は短かくなる。

日本の歴史にも精通していないと、鑑定はできない。

二

龍馬が『刀剣図考』という本を絵に描いて、この本を持ってきて欲しいと書いている、〈宛先、年月日、未詳〉の手紙が残っている。

〈宛先、年月日、未詳の手紙〉

右の本を持ってきて下さい。

太刀の絵がかいてあります。

やとでかりてある

たんすのひきだし
の下のはしのひきだしに
白ラさやの
短刀がある。
持ってきて下さい。

才谷梅太郎

謹んであなたの使いの者に頼みます。

現在、確認されている一四〇超える龍馬の手紙を読むと、明らかに宛先によって文体が異なっている。特に女性に宛てたものは文体が平明で、かなを多用し、漢字にかなを振るなど細かい気遣いが感じられる。

この才谷名の手紙は明らかに女性宛であり、内容からいってごく親しい女性と見るべきである。

宿でたんすを借りているという状況から、旅行中であり、宿屋に泊っていて、それも一泊、二泊といった短期ではなく、たんすを借りているところから見て、長期滞在である。

この手紙を読んだ女性は龍馬が泊っている部屋へ入り、たんすの中から白鞘の短刀を取り出

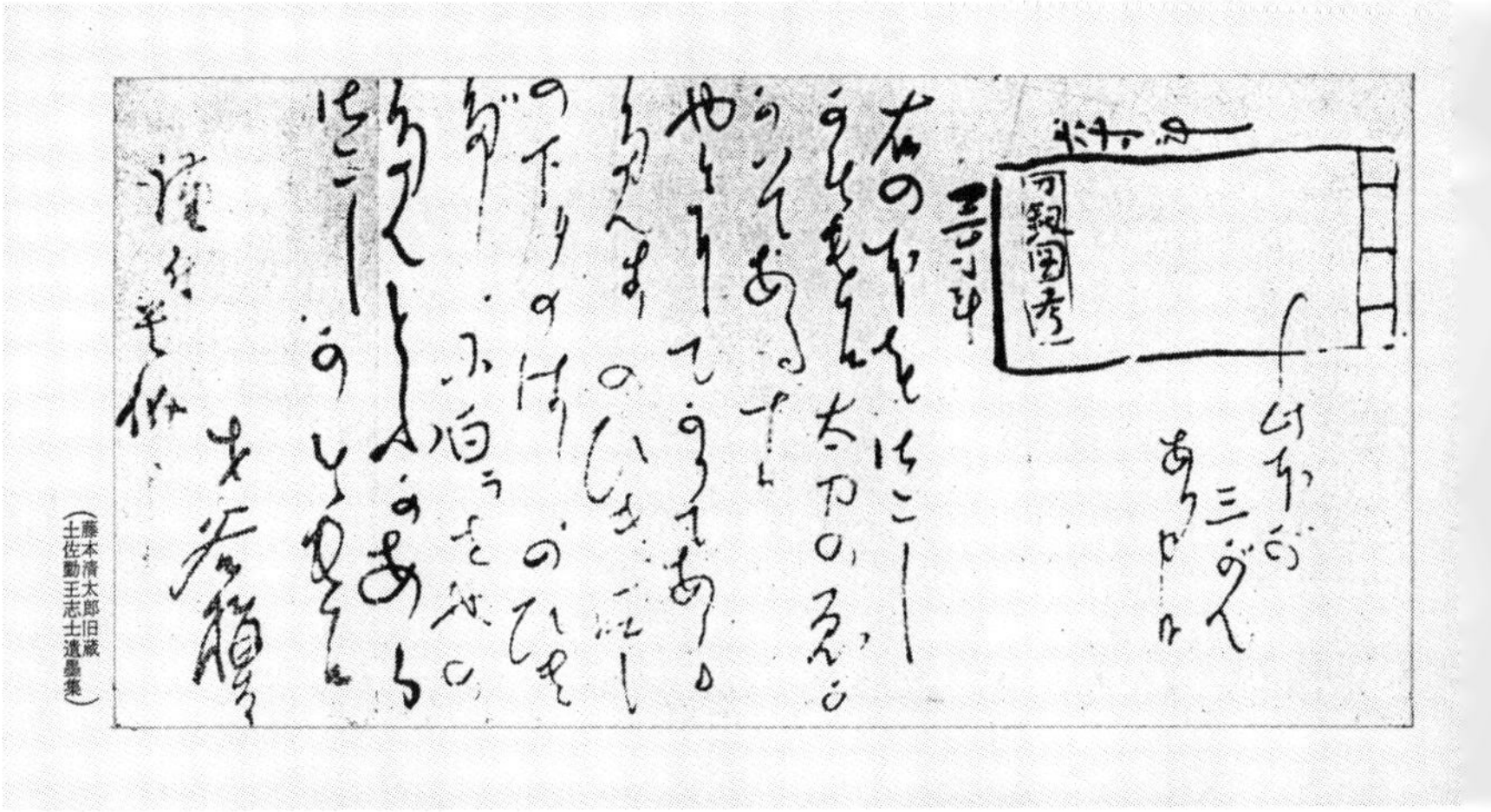

『刀剣図考』に言及した龍馬の手紙

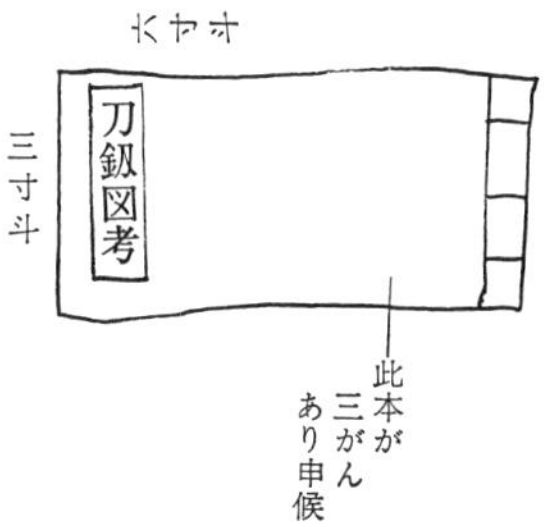

右の本を御こし
可レ被レ遣候。太刀のゑが
かいてあるナリ。
やどにてかりてある
たんすのひきだし
の下タのはしのひき
だしに、白ラさや《（鞘）》の
たんとふ《（短刀）》がある。
御こし可レ被レ遣《（つかはさるべく）》候。
才谷梅太郎
謹付ニ貴价一《（つつしんできかいにふし）》申候。

すのである。

部屋には本がそれとわかるところに置いたままになっている。それも一種の本ではなく何冊もあるのであろう。女性が本を間違える可能性があるので、本の外形を図にして手紙の冒頭に描き、本の表題を「刀剣図考」と書き込み、寸法まで書き加えている。横が約六寸（一八センチ）たてが約三寸（九センチ）である。

さらに本の内容を〈太刀の絵がかいてあるなり〉と説明している。かなり念の入った書き方であり、女性への配慮が感じられる。

白鞘の短刀は箪笥の引出の中に収納されている。本は出したままである。この状況から用事が済めば龍馬はこの宿に戻って来るつもりであろう。別の宿に移ったとか、旅に出てしまったわけではない。

龍馬は出先で急に『刀剣図考』三巻と白鞘の短刀が必要となった。しかし、龍馬自身がそれらを取りに宿へ戻ることができない事情があった。そこで筆を取ったのである。

この手紙により本と白鞘の短刀は、女性の依頼を受けた使いの者によって、龍馬の居る所へ届くことになる。それも長時間かかる距離ではない。

貴价《かい》の价は使者、使いの者という意味。

この手紙は簡単に書いたメモのようなものである。メモであったので、宛名も日付も記入しなかったのである。

この状況全体から感じられる雰囲気に緊迫感はない。龍馬自身に危険が迫っているといった状況ではなく、むしろ、〈旅先でのんびりとした日を過している〉という印象をうけるのである。

くつろいだ中で龍馬は本と白鞘の短刀を必要としている。

『刀剣図考』三巻と白鞘の短刀。

この組み合せは何を意味しているのであろうか。『刀剣図考』は外装《がいそう》の専門書である。

ここで刀剣趣味を持っている人であれば、すぐに気付くことがある。

刀剣の外装を作る時、歴史上の人物が差料とした刀剣の外装や有名な神社・仏閣の宝物の外装を模写することがある。

〈本科《ほんか》〉といわれる外装をモデルとして、〈写《うつ》し〉といわれるコピーの外装を作るということが、刀剣趣味の世界ではよく行われている。

鎌倉時代の外装を室町時代に模す、室町時代の外装を江戸時代に模すということが常に行われていたのである。

外装は刀装《とうそう》ともいい、〈拵《こしらえ》〉ともいう。

龍馬は『刀剣図考』という参考書を基に、白鞘の短刀に新しく外装を作ろうとしていたのではないかと、推定できる。

では龍馬が才谷梅太郎の変名を使っていた頃、短刀の外装〈拵〉を誂えたという記録が残っていないだろうか。

『坂本龍馬手帳摘要』というものが残っていた。龍馬の備忘録であり、慶応元（一八六五）年四月二十五日から始まっている。

その慶応二年五月の項に次の記録がある。

〈五月朔日　桜島丸来る。
　廿九日
　　四両三歩　金
　右寺内氏ヨリ借用セリ。
　又弐両寺内ヨリ、
　右短刀合口コシラへ并《ならびに》研《とぎ》
　備前兼元（光）無銘刀研代。
　　合テ三両二朱余払フ。

六月朔　桜艦ニ乗組。〉（傍点筆者）

龍馬は短刀合口拵《あいくちこしらえ》を誂えていた。慶応二年五月二十九日、龍馬は海援隊士・寺内新左衛門から借金をして、研代、拵代を払っている。当時、海援隊士は龍馬を含めて、月給三両二分であったといわれているので、約一カ月分の給料をそれに注ぎ込んだことになる。

　この頃の龍馬の行動を表にしてみる。

龍馬は薩長同盟成立の翌日（一月二十三日）の深夜。その頃の暦では朝の六ツ（午前六時）から翌日の朝の六ツまでが一日である。伏見の寺田屋で幕吏に襲撃されて負傷し、約一カ月、京都の薩摩藩邸で療養した後、お龍、西郷吉之助、小松帯刀、吉井幸輔らと共に薩摩藩船・三邦丸で鹿児島へ赴いている。そして、約三カ月、薩摩藩内に滞在し、この間にお龍と共に塩浸《しおしたし》温泉、霧島山へ遊んでいる。

　これがいわゆる、日本最初の新婚旅行といわれる旅である。

五月二十九日は鹿児島を離れるにあたり、西郷へ別れの挨拶に訪れた日である。そして、その日は刀・無銘備前兼元《（光）》の研ぎ、合口拵が仕上り受け取った日でもあった。

五月は旧暦で小の月で三十日はない。

翌日、六月一日、龍馬とお龍、寺内新左衛門ら海援隊士は桜島丸（ユニオン号）に乗船、二

坂本龍馬の行動（慶応2年1月1日から6月17日まで）

月日	滞在都市	龍馬の行動
1. 1	下　関	福永専助方にて三吉慎蔵と対面
3	下　関	久保松太郎宛書簡に〈才谷梅太郎〉の変名を使う
10	下　関	三吉、池、新宮と下関を出発
16	兵　庫	兵庫を出発
17	神　戸	神戸着
18	大　坂	大坂薩摩藩邸に入る。大久保一翁を訪問、厳重手配の忠告を受ける
19	伏　見	寺田屋へ入る
20	京　都	二本松薩摩藩邸の桂を訪う。西郷に痛論
22	京　都	薩摩藩邸で薩長同盟成立
23	伏　見	寺田屋で伏見奉行所の幕吏に襲撃され負傷
24	伏　見	伏見薩摩藩邸へ入る。吉井幸輔京都より急行する
29	京　都	厳重に警護され京都薩摩藩邸へ移る（負傷療養。1カ月滞在）
2.29	京　都	西郷帰国の一行に入り京都薩摩藩邸を出発、伏見に移る
30	伏　見	伏見薩摩藩邸出発
3. 1	大　坂	蔵屋敷へ着
5	大　坂	三邦丸で出港。お龍、西郷、小松、中岡、三吉、池、吉井同船
6	下　関	中岡、三吉、下船
8	長　崎	長崎入港
10	鹿児島	入港。小松帯刀邸に入る
16	浜ノ市	浜ノ市に至る
17	塩　浸	塩浸温泉、お龍同伴
29	霧　島	霧島山へ登る。天の逆鉾を見る
30	塩　浸	塩浸温泉へ戻る
4.11	浜ノ市	浜ノ市へ戻る
12	鹿児島	鹿児島へ戻る
14	鹿児島	開成所を参観
5. 1	鹿児島	桜島丸来る。寺内等海援隊士同乗
29	鹿児島	西郷へ出立の挨拶。刀兼元の研、短刀の研拵が仕上がる
6. 1	鹿児島	桜島丸へ乗船
2	鹿児島	桜島丸出港
4	長　崎	長崎入港
14	五　島	海援隊士遭難十二士の墓碑を建立
15	長　崎	長崎出港
16	下　関	桜島丸を乙丑丸と改める
17	下　関	第二次長州・幕府戦争に参加

「坂本龍馬全集」より

日に出航し長崎に向った。

三

宛先未詳の手紙にある〈白鞘の短刀〉と『坂本龍馬手帳摘要』に記されている〈短刀合口拵〉は同一の短刀ではないだろうか。

短刀が同一であることを証明するには宛先未詳の手紙が鹿児島で書かれたことを立証しなければならない。

宛先未詳の手紙を項目ごとに細かく検討してみることにする。

① 差出人・才谷梅太郎

才谷梅太郎の変名を使用した時期に関しては『坂本龍馬全集』の中で宮地佐一郎が、慶応二年一月三日、久保松太郎宛・書簡の解説の中で次のように書いている。

〈「才谷梅太郎」という変名は、慶応三年春下関「自然堂」時代より、使いはじめたと言われているが、実際は一年早い此頃からと判断したい。〉

この久保宛の書簡には才谷梅太郎の署名がある。慶応二年一月から暗殺された慶応三年十一月まで、才谷梅太郎の変名は使用されていた。

龍馬がお龍と共に薩摩藩内に滞在したのは慶応二年三月十日から六月二日までであるから、才谷梅太郎の変名使用期間の中に入る。鹿児島滞在中の宛先未詳の手紙に才谷の変名が使われたとしても矛盾はない。

宛先未詳の手紙は鹿児島で書かれた可能性がある。

② 宛先はごく親しい女性

宮地佐一郎は『坂本龍馬全集』の中で、この〈宛先未詳の手紙〉は、お龍か寺田屋お登勢への手紙と推定している。この手紙がお登勢宛とした場合、寺田屋は伏見の船宿であるから、龍馬は伏見、もしくは伏見の近くに居ることになる。

寺田屋に長期滞在して、外出先の何処からこの宛先未詳の手紙を書いたことになる。

伏見は京都から大坂への中継地であり、現在は京都の一部に入るが、当時は別の町である。この伏見から船で大坂へ出るのが当時の一般的な順路であった。多くの旅人は船待ちの都合で伏見に宿泊する。

龍馬も出京の度にこの伏見を通っている。しかし、慶応二年一月二十三日、寺田屋で負傷した後、伏見は龍馬にとって最も危険な地域となる。

才谷梅太郎の変名は慶応二年一月から確認できるので、才谷を名乗っていた期間すべてが伏見・寺田屋に投宿することは危険だったのである。こうした状況の中で、寺田屋へ長期滞在することは考えられない。

危険な地域の中で、龍馬が短刀合口拵の作成を考えて、宛先未詳の手紙を書いていること自体、不自然である。

この手紙が書かれたときの〈旅先でのんびりとした日を過している〉と伏見寺田屋の状況は全く異なっている。またお登勢は龍馬より六歳上であり〈是は学問ある女、尤《もつとも》、人物也〉と龍馬が評価する女性である。そのお登勢へ手紙の中で、本の説明に絵を描き、寸法を加え、『刀剣図考』と絵に書き込み、巻数を書き、太刀の絵が描いてあると本の内容を記している。説明が丁寧すぎるように思うのである。むしろ歳下の女性への気遣いである。

そして、もうひとつ、お登勢は寺田屋の女将である。その女将に〈やゝどにてかりてあるたんすのひきだし〉と書くだろうか。「あなたにかりてある」と書くはずである。

こうした理由からお登勢あてとは考えられない。残るのはお龍である。

③ 宛先はお龍とすると

龍馬が才谷梅太郎の変名を使った慶応二年〜三年の間、お龍はどこにいたのだろう。

(1)伏見　慶応二年一月一日～二十四日
(2)薩摩　慶応二年三月十日～六月二日
(3)長崎　慶応二年六月四日～慶応三年二月八日
(4)下関　慶応三年二月十日～

お龍は龍馬の活動と共に住む場所を移動している。

この中で一番安全な地域はどこであろうか。

龍馬は宛先未詳の手紙の中で〈宿〉と書いている。

下関・伊藤助太夫方「自然堂」は寓居であり龍馬は〈宿〉という認識はない。慶応三年三月六日、印藤聿宛書簡では助太夫を〈家主〉と書いているので、下関は宛先未詳の手紙が書かれた場所ではない。

長崎・小曽根邸にお龍が居た時、慶応二年八月十三日、森玄道、伊藤助太夫に宛てた龍馬の手紙に〈浪士等長崎ニ出てハ、此小曽根をかくれ家といたし居候ものも在レ之、既に私らもひそみ居候。〉(傍点筆者)と書いている。

長崎も〈旅先でのんびりとした日を過している〉というような状況ではなかったと分る。

残ったのは薩摩である。

関ケ原合戦以後、島津氏は国境の守備を固めた。そのために、薩摩国の国境を越えることは不可能といわれた。龍馬自身、土佐藩を脱藩したあと、薩摩入国に失敗したとされている。こうした頑強な守りは、一度薩摩藩内に入ってしまえば最も安全な地域となる。

龍馬は慶応二年三月十日から六月二日まで最も安全な場所にいたのである。だからこそ、お龍と二人で山に登ったり、新婚旅行もできたのである。

しかし、村々に噂が流れていて、土佐のサムライが若い京美人を連れてきたというので、村の女たちがお龍を見たがったという。

どんな髪形で、どんな化粧で、どんな着物で歩いてくるのだろうと、興味津々だったのである。幕末期に薩摩国へ入ってくるのは、男でサムライというのが普通であった。若い女が他国から来るなど考えられなかったのである。

閑話休題

宛先未詳の手紙は薩摩で書かれたと分った。

霧島山から下りた龍馬とお龍は四月十二日に鹿児島に戻っている。この日から、五月二十九日の間に宛先未詳の手紙は書かれている。刀の研磨と合口拵を製作する期間を考えると四月十二日からあまり立っていない日に龍馬は鹿児島の町の刀剣職人の工房を訪ねたと思われる。

そして、宿で待っているお龍にあて、この手紙を書いたのだろう。

お龍から『刀剣図考』三巻と白鞘の短刀が工房に届くと、『刀剣図考』から合口拵の外装を選んで注文したものと分る。

『刀剣図考』と著者、栗原孫之丞信充《のぶみつ》についてふれておく。

『刀剣図考』は天保十四（一八四三）年三月に第一集、同年九月に第二集、弘化二（一八四五）年に第三集が刊行されて、三巻本として完成している。

栗原信充は刀剣・甲冑の研究者で江戸神田紅梅坂に住んでいた。信充のもとには、多くの薩摩藩士がその教えを受けていた。

薩摩藩が甲冑製造所の指導者として信充を招聘したという島津三郎（久光）の強い要望で元治元（一八六四）年二月二十一日、薩摩藩士・木脇祐尚《きのわきすけなお》と共に江戸を出発して薩摩へ向っている。

こうした薩摩藩と栗原信充の関係を考えれば、龍馬は薩摩藩士の誰かからこの『刀剣図考』を借りて読んでいたと思われる。

四

ここで視点を変えて、幕末期に志士たちが〈拵《こしらえ》〉を作るという事にどのような意味合いが背景にあったのかを考えてみたい。

志士たちは常に〈死〉というものを意識した日常にいたのである。〈死〉はあらゆるかたちで志士たちの前に出現する。〈死〉に対する緊迫感、恐怖感は常に志士たちの中にあったはずである。そうした感情を少しでも減少させることができるのは身を守る〈武器〉であり、〈武術〉である。

刀剣を身に帯びることで敵からの攻撃を防御でき、また攻撃を加えることができるのである。強力な使いやすい刀剣を帯びることは、志士たちの心の安定と密接な関係を持っていたはずである。そうした配慮から刀剣は選ばれ、〈拵〉は作られていたと思われる。

赤心報国《せきしんほうこく》、七生滅賊《しちしょうめつぞく》といった文字が鐔《つば》、鎺《はばき》、縁頭《ふちかしら》、切羽《せっぱ》、鞘《さや》など刀剣の部品に刻まれているのをよく見かける。それは志士たちの政治思想を明確に反映したものであると共に、志士たちの精神を鼓舞させる〈象徴〉としての役割を刀剣が持っていたことを表わしている。

また刀剣はその美しさで、志士たちにひとときの心のやすらぎを与える魅力があったと思われる。

志士たちにとって刀剣は様々な意味を持つ、必要不可欠なものであったのである。

龍馬も幕末志士の一人として、刀剣に関しては他の志士たちと大きく変るものではなかったと思う。

龍馬が鹿児島で誂《あつら》えた短刀合口拵は彼の思想を反映したものであったはずであり、そうしたものを二度と作る時間を龍馬は持ち合せていなかったと思われる。

この短刀合口拵が完成してから暗殺されるまで、わずかに十七カ月半である。


宛先未詳の手紙は鹿児島で書かれたと推定され、龍馬の短刀合口拵はこの二振りと存在しないと考えれば、宛先未詳の手紙にある白鞘の短刀と『坂本龍馬手帳摘要』にある合口拵の短刀は同一のものと結論できる。

そして、その短刀合口拵は写真〈龍馬立像〉で袴の紐に差されている短刀そのものと考えられるのである。

龍馬は慶応三年六月二日、鹿児島を桜島丸に乗って長崎へ行く。そして、上野彦馬の写真スタジオでこの写真を撮っている。

新しく出来上った短刀合口拵を袴《はかま》の紐に差して、左足を右側に動かし、腰をひねると、短刀

龍馬の短刀

写真（上）と銅像（下）では短刀の差し方が違う。
銅像の方が正しい差し方である。

が正面を向くのである。

桂浜の銅像は正しく袴の下の帯に短刀を差している。龍馬は短刀の差し方を知らなかったのだろうか。いやそうではない。短刀は正しく帯に差していたのに、写真撮影の時、わざわざ、帯から抜き、袴の紐に差し直したのである。

では何故、そうしたのだろうか。

それは楠木正成の短刀を模した〈写しの短刀〉を鹿児島で作った龍馬は、すぐに長崎に移ると、上野彦馬の写真スタジオで、井上俊三にこの立ち姿を撮らせたのである。


龍馬は〈宛先未詳の手紙〉の中で、『刀剣図考』には「太刀の絵がかいてあるナリ」と説明を加えている。

龍馬が書いたように第一集から第三集まで、計五十六振りの太刀拵の絵が掲載されている。担当拵は第一集から第三集まで計二十六振りが載っている。担当拵には合口拵（鐔の付いていない拵）のほかに、ハミダシ鐔という小鐔が付いた拵や異形の拵が九振り含まれている。

それらを除外すると残り十七振りとなる。

それらを次にあげてみる。

①八幡太郎義家・海老鞘短刀拵
②八幡太郎義家・合口拵
③千葉介常胤・赤樫鞘合口拵
④楠木正成・合口拵
⑤新田義貞・合口拵
⑥足利尊氏・合口拵
⑦東山義政・合口拵
⑧足利義昭・合口拵（藤丸拵）
⑨荏柄社蔵・合口拵
⑩飯塚正宗・合口拵
⑪加藤清正・合口拵
⑫細川勝元・合口拵
⑬大坪左京亮有成入道・合口拵
⑭斎藤是玉入道・合口拵
⑮佐世石見守・合口拵

⑯黒漆鞘短刀合口拵
⑰厳島校倉所蔵・錦巻短刀合口拵

この中に龍馬が自分の差料としたいと思った合口拵があるはずである。十七振りの短刀合口拵をさらにしぼり込み、龍馬が〈本科《ほんか》〉とした合口拵を特定してみる。

慶応元（一八六五）年九月九日、姉・乙女、おやべに宛てた龍馬の手紙には次のように書かれている。

〈これよりおやべどんに申します。近頃めんどうなお願いです。どうぞお聞きとどけ下さい。

さて、私がお国にいた頃に吉村三太という頭の禿げた若い衆がいました。この人が持っていた歌の本、新葉集といって、南朝（楠木正成公などのころよしの二て出来しうたのほん也）に出来た本があります。これが欲しくて京都で探したのですが、一向に手に入らないのです。

あの吉村君からその歌の本を借りて、お前の旦那さんに写していただき、なにとぞ急い

で送っていただきたいのです〉

この手紙は龍馬の肉声が聞えてくるような軽妙な口語体で、おやべ（姪の春猪）に話しかけるように書かれている。手紙の前半では姉・乙女に『小笠原流諸礼の書』十冊を送ってもらいたいと依頼している。それにつづいて姪の春猪に『新葉集』の写本を作って送って下さいと龍馬は頼んでいる。土佐・坂本家の雰囲気が鮮やかに伝わる手紙である。

『新葉集』は南朝の準勅撰集であり、正式には『新葉和歌集』、全二十巻で一四二〇首の歌が集められている。

北朝で撰ばれた勅撰集『新千載和歌集』が南朝の人々の歌を採らなかったことなどから、後醍醐天皇の皇子、宗良《むねなが》親王によって撰ばれた歌集である。

龍馬はこの『新葉集』に何故、執着したのだろうか。それは後醍醐天皇の第二皇子で〈尊良《たかなが》親王〉という方が土佐へ配流となり、詠んだ和歌が多く載っているからである。

尊良《たかなが》親王は土佐の幡多《はた》へ配流となり、小さな庵に住んでいた。

聞きなるる　ちぎりもつらし　衣うつ
　民のふせ屋に　軒を並べて

庶民の伏屋戸軒を並べて、夜ごとに打つ砧《きぬた》のさびしい音にも聞きなれてきたが、こういうことになった我の宿世《すくせ》を思えば、まことに辛く情ないことである。

わが庵は　土佐の山風　冴ゆる夜に
　軒もる月も　影氷るなり

冬深くなれば、土佐の山風が寒く、吹きおろして、荒れた軒端にさしこむ月の光も凍るかと思われる。

鳥の音の　おどろかさずば　夜とともに
　思ふさまなる　夢もみてまし

鳥の声が驚ろかさなければ
一晩中、思う存分夢見ることができたのに残念でならない。

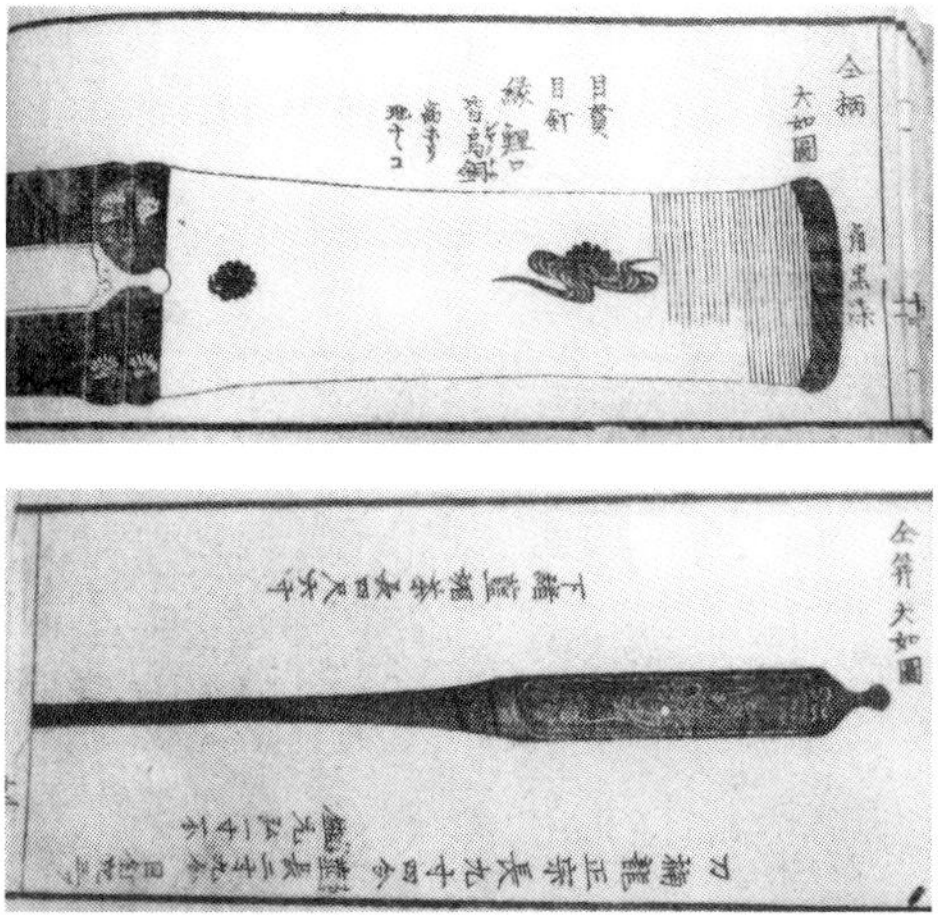

楠正成　合口短刀拵

こうした尊良親王の歌が多く載っている。望郷の念と共に、土佐の坂本家の雰囲気を懐かしく思い出しているのである。

そして、こうした尊良親王のわびしい生活を一人の勤王の士が大きく変えた故事に思いを馳せているのである。

忠臣・楠木正成が千早城で奇策をもって防戦し、諸国の勤王の武士は奮起したので、尊良親王は土佐から京都へと帰還することができた。『太平記』は南北朝動乱を勇壮に物語っているので、龍馬も愛読していたのである。龍馬は南北朝の楠木正成のように、皇室を中心とした国家体制を再び作ろうと考えている。そして、その目的のために一身を捧げようとしているのである。

この楠木正成の合口拵が、残った十七振りの中に含まれていた。

楠木正成の合口拵は『刀剣図考』にこのように載っていた。

刀身は正宗であり、刃渡り　九寸四分である。

正宗はほとんどが無銘であり、在銘は少ない。龍馬の白鞘の短刀も、おそらく無銘の相州伝であったと思われる。

目貫は楠木正成の家紋菊水である。龍馬の鹿児島滞在は二カ月弱である。その間に菊水の目貫を作るような時間はない。

柄《つか》の頭《かしら》は〈角黒漆《つのくろうるし》〉とあるので、これは制作可能である。鞘《さや》も頭と同じ黒漆塗りである。これも制作可能である。

写《うつ》しは正確に制作すると一年間もかかってしまう。龍馬はできるだけ本物に近い形に注文している。

五

龍馬は慶応元年九月九日、姉・乙女、おやべに宛てた手紙の最後の部分に次のような文章を加えている。

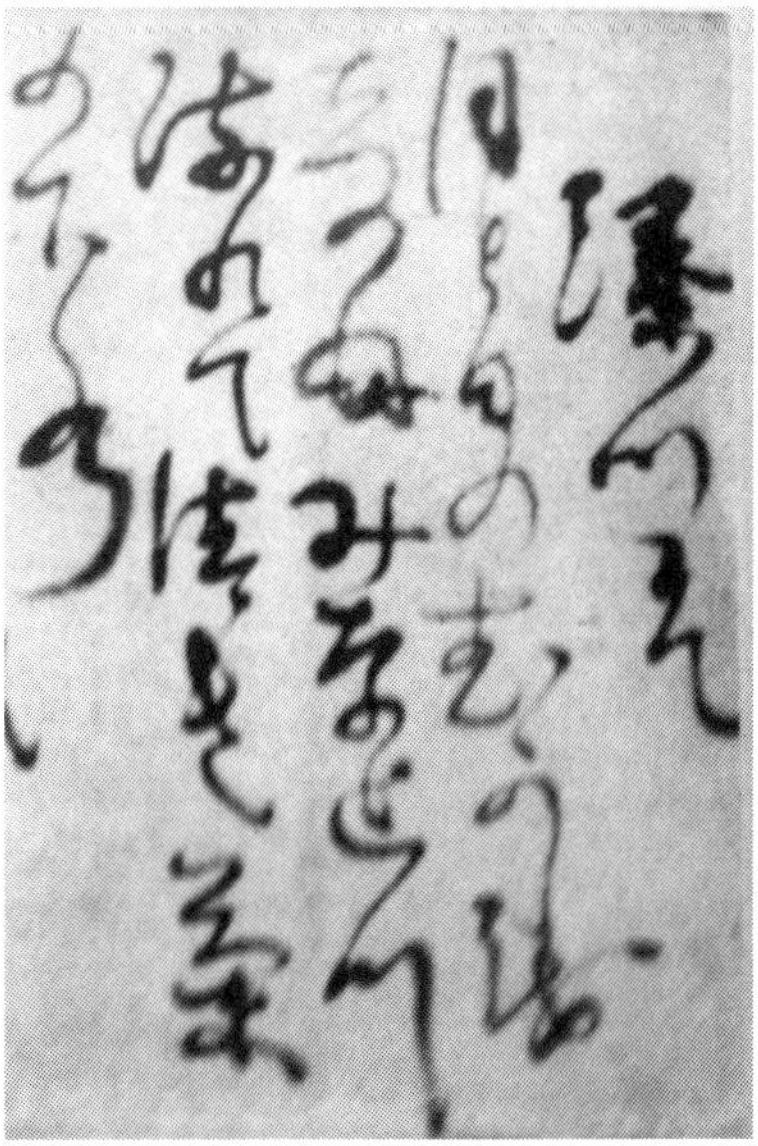

菊《きく》　水《すい》

龍馬の和歌と菊水の紋

〈〇そして、早々忘れた事がありました。

あの私が居ました茶座敷の西側の廊下の上に竹が渡して絵やら字やらなにか唐紙に書いたものがある。その中に高松順蔵さんの書いたものがある。送って下さい。

そして短尺箱に、母上、父上の御歌、おばあさんの御歌、権兄さんの御歌、お前さんの御うたがある。

なにとぞ、父上、母上、おばあさんなどの死去した時と月日を短尺の裏に書いて送って下さい。〉

龍馬は高知の実家の廊下の上に積んである短尺を送って欲しいと手紙を書いている。

坂本家は皆、短尺に自分の和歌を書いている。

そして他界している人の短冊には没年、月日、時を記入して欲しいと依頼している。命日にはその菩提を弔って、法要をしようと思っている。

京都で活動している中で、自分につながる身内の歌を読み、祈りを捧げようとしているのである。

また龍馬自身の詠草も二十数首の和歌、俚謡数種が遺っているが、その中に次の和歌がある。

　湊川にて
月と日のむかしを
しのぶみなと川
流れて清き菊
の下水

湊川にて題した和歌で、楠木正成の家紋「菊水」を詠み込んだもので、詩人大岡信氏はこの和歌を次のように批評している。

〈「湊川にて」の歌は、龍馬が「新葉集」を愛読していた痕跡をよく残していると思いま

郵便はがき

料金受取人払

牛込局承認

7198

差出有効期間
平成29年6月
21日まで

162-8790

東京都新宿区
早稲田鶴巻町五二三番地

株式会社 藤原書店 行

（受取人）

ご購入ありがとうございました。このカードは小社の今後の刊行計画および新刊等のご案内の資料といたします。ご記入のうえ、ご投函ください。

お名前	年齢
ご住所 〒 TEL　　E-mail	
ご職業（または学校・学年、できるだけくわしくお書き下さい）	
所属グループ・団体名　　連絡先	
本書をお買い求めの書店 市区郡町　　書店	■新刊案内のご希望 □ある □ない ■図書目録のご希望 □ある □ない ■小社主催の催し物案内のご希望 □ある □ない

書名

読者カード

●本書のご感想および今後の出版へのご意見・ご希望など、お書きください。
（小社PR誌『機』に「読者の声」として掲載させて戴く場合もございます。）

■本書をお求めの動機。広告・書評には新聞・雑誌名もお書き添えください。
□店頭でみて　□広告　（　　）　□書評・紹介記事　（　　）　□その他　（　　）
□小社の案内で

■ご購読の新聞・雑誌名

■小社の出版案内を送って欲しい友人・知人のお名前・ご住所

お名前

ご住所 〒

□購入申込書（小社刊行物のご注文にご利用ください。その際書店名を必ずご記入ください。）

書名　　冊	書名　　冊
書名　　冊	書名　　冊

ご指定書店名

住所

都道府県　　市区郡町

す。菊の下水は「菊水」でつまり楠木正成の家紋を踏まえた歌なんですね。正成は湊川の戦いで戦死します。湊川の水が流れて清い菊の下水になっていると言っている。歌のこころは正成の残した志が念もなお清く流れている。それは湊川に流れているということではなくて、自分の心の中にも流れているということになると思います。だからこの歌は叙景というよりは、むしろ龍馬自身の志を述べた歌だと思います。〉

（旺文社『龍馬軌跡』対談大岡信―宮地佐一郎「日本人の旅、龍馬の旅」所載）

龍馬は、楠木正成の志は自分の心の中に受け継がれていると詠んでいた。そして、両親とお龍の父、楢崎将作に和歌を詠んでいる。

父母の霊を祭りて
かぞいろの　魂やきませと　古里の
雲井の空を　仰ぐ今日哉

「かぞいろ」は父母。両親の魂が来てくれますようにと故郷の方向の空を見上げる今日「魂祭《たままつり》」です。

奈良崎将作に逢ひし夢見て
面影の　見えつる　君が言の葉を
かしくに祭る　今日の尊さ

楢崎将作に夢の中で初めて会う。
お顔が見えて、お言葉をいただき、
かたじけなく、思う今日の魂祭りです。

慶応三年八月十六日、長崎元博多町の小曽根という質屋の奥座で、両親、楢崎将作の霊を祭ったということが、安岡秀峰の「反魂香」に載っている。その時の和歌である。

龍馬はおやべに短尺を送ってもらい、祖母、両親、義父の霊を祭っているのである。

動乱の時代にこうした供養も欠くことなくしているのが龍馬の実像である。

六

龍馬は慶応二（一八六六）年十二月四日、兄坂本権平に次のような手紙を書いている。

〈この頃、お願いしたいことは、国難にのぞむ時は、必ず、家宝の甲《かぶと》や宝刀を分けると古人も云っております。
何卒、お気持に叶《かな》う品を頂ければ、死ぬ時にも坂本家の家宝が側にあると安心いたします。お願い申し上げます。〉

龍馬は多くの若者の死を見てきた。無念の死、悲惨な死、孤独な死、そうした死を身近に見た龍馬は、その死を自分自身に置きかえてみた時、それはあまりにも淋しいと思った。土佐・坂本家の人々、兄権平、姉乙女、姪春猪、こうした自分を温かく見守ってくれた人々に囲まれて、龍馬は死んでいきたいと考えたのである。しかし、それはできない。せめて、土佐・坂本家の〈香り〉のするものを側に置いて死にたい。そこで、坂本家に伝わる刀剣か甲冑を与えて欲しいと願い出たのである。

西郷吉之助は慶応三年二月十五日、初めて土佐を訪れた。これは西郷が画策した四侯会議(島津久光、山内容堂、伊達宗城、松平春嶽)を京都で開くために、久光の使者として山内容堂に会見し、上京を督促するのが目的だった。

西郷は高知城下、豪商・川崎源右衛門邸を宿所として、二月二十二日まで滞在した（川崎家については第一章を参照）。

西郷は二月十七日、山内容堂と散田邸（現・三翠園ホテル）で会見し、容堂の快諾を受けている。

坂本権平は西郷の宿所、川崎邸を訪れて、弟、龍馬の願い出た家宝の刀を託している。

西郷は二月二十二日、高知を離れ、海路、伊予・宇和島に向い、二月二十四日に伊達宗城と会見している。

そして、二月二十七日、西郷は鹿児島に戻った。

三月二日、中岡慎太郎が大宰府から鹿児島に到着した。三月三日、中岡は西郷の自宅に宿泊している。

中岡が鹿児島を訪れたのは、西郷から直接、山内容堂、伊達宗城との会見の様子を詳しく聞くためだった。

そして、坂本権平から預った龍馬への坂本家の家宝の刀剣を長崎にいる龍馬へ届けて欲しいと西郷から中岡は預るのである。

しかし、龍馬は長崎におらず下関にいた。

中岡慎太郎「行行筆記」に、

〈三月廿日
晴、朝、馬関（下関）に着く　坂本を訪ね伊藤助太夫を訪れる〉

とある。

この日、権平から贈られた刀は西郷、中岡の手を経て龍馬の手に渡った。

龍馬は慶応三（一八六七）年六月二十四日、坂本権平にあてた手紙に次のように書いている。

〈一筆さし上げます。

ますますご安泰で、めでたいことと思います。私は無事で、およばずながら国家のために、日夜、尽力しております。ご安心ください。

先頃、西郷吉之助によりお送り下された吉行の刀、この頃、出京の時も常に帯に差しております。

京都の刀剣家にも見せましたところ、皆、粟田口忠綱くらいと鑑定いたします。

この頃、毛利荒次郎が出京してきて、この刀を見てしきりに欲しがり、私も兄からの賜物《たまわりもの》だと、誇りにしております。〉

この手紙で「吉行」という土佐藩工が作った刀を拝領したことが分る。

龍馬は土佐の香りがする郷土刀を腰に差し、自慢げに京都の町を歩いている。

皆と書いているので、数カ所の刀剣鑑定家を訪ねていた。そして、同じような評価で「粟田《あわだ》口《ぐち》忠綱《ただつな》」くらいでしょうかといわれたのである。忠綱は大坂新刀で「刀工番付」の大関にいる名工で、土佐藩抱工だった「吉行」は前頭何枚目という順位である。

だから、龍馬は土佐藩工が作った刀が誉《ほ》められるが嬉しく、兄権平の心遣いに感謝していたのである。

慶応三年六月というと、二十二日に、京都三本木の料亭吉田屋で、薩摩、西郷吉之助、小松帯刀、大久保利通、土佐、後藤象二郎、福岡孝弟《たかちか》、寺村左膳らが出席、「薩土盟約」が成立した日である。龍馬と中岡慎太郎がその会合に陪席している。

こうした歴史的会合を成功させた安堵感からか、龍馬は楽しそうに京都の町で「吉行」を鑑定家に見せ回っていた。愛刀家龍馬の素顔がここにある。

この二カ月後、慶応三年八月八日、龍馬は土佐の須崎港にいる。

七月六日夜、英国軍艦イカルス号乗組の水兵二人が長崎の丸山で殺害された。その翌朝、海援隊の「横笛」が長崎を出航、間もなく土佐藩の軍艦「若紫」が出航し、その日の正午頃、「横笛」が長崎に帰港した。長崎駐在領事フローエルスは事件を重視し、長崎奉行に犯人逮捕を求めた。

たまたま長崎へ来航した公使パークスも厳重な抗議をした。

犯人は白筒袖姿《しろつつそで》であったという噂をもとに、犯人を「横笛」から「若紫」に移乗させて逃亡させたという嫌疑が海援隊と土佐藩にかかった。海援隊の隊士は白筒袖姿であった。しかし、証拠がないので、土佐藩も海援隊もこれをはねつけると、パークスは怒って幕府に問題を持ち込んだ。

七月二十四日、老中板倉勝静《かつきよ》はパークスの強硬な抗議を受け、京都の土佐藩留居役へ処置を求めてきた。

大坂でパークスと交渉することを土佐藩は主張したが、老中板倉のたっての要求で、高知須崎港での交渉となった。

土佐藩大監察佐佐木三四郎は土佐藩の汽船が大坂に居合せなかったので、西郷吉之助に相談して薩摩藩船三邦《みくに》丸を借用した。

この三邦丸が兵庫出航の間際、小舟に乗って漕ぎつけたのが、京都から馳せつけた龍馬だった。七月二十九日、越前邸に招ばれ長崎の事件内容を尋ねられ、松平春嶽から山内容堂への書状を託された。これを土佐に出かける佐佐木三四郎へ渡すため、後を追ってきたのである。

三邦丸に乗り込んだ龍馬は佐佐木と善後処置を話しているうちに、船は錨《いかり》を上げてしまった。

龍馬はそのまま乗船して、脱藩以来一度も戻っていない土佐へ向うことになる。

八月二日、三邦丸が須崎港へ入港。つづいて、幕府軍艦回天丸が入港。

八月六日には英国軍艦バジリスク（Basilisk）も須崎に入港。須崎には土佐藩軍艦夕顔が碇泊していたので、軍艦四艘が揃うことになった。

龍馬は脱藩の身なので、秘かに三邦丸から夕顔に乗り移り、交渉の成り行きを気にしながらも、四通の手紙を書いている。

寺田屋お登勢あて。中岡慎太郎あて。長岡謙吉あて。そして兄坂本権平あてである。

慶応三年八月八日　権平あて

〈この度、英国船が須崎に来たのは長崎にて英の軍艦水夫二人が酔っていたところ、誰かが殺しました。それを幕府の役人が土佐人が殺したと申します。そのような訳で来たのです。

英水夫が殺されたのは先月六日の夜です。

七日朝、私が持っている帆船・横笛が出航し、土佐藩の軍艦が同夜に出港しました。

右のような訳けで、幕吏が云うには殺したものが先づ横笛に乗り、また軍艦に乗り移って土佐へ帰ったと申し立てたからです。それで幕府軍艦、英国軍艦共に来たのです。しかし、後藤象二郎、由井、佐佐木が談判してかたづきました。

この頃、お願いしたいことがあります。兄上が所持の無銘の了戒二尺三寸ばかりの刀、なにとぞ拝領したく思いますので、そのかわり、何か西洋もので欲しいものがあれば言って下さい。まず、手元にある懐中時計を一つ差し上げますのでご笑納下さい。

今夕方、急に書きましたが、突然で、急には決められないと思いますが、まず早々また後日に。〉

「吉行」につづいてもう一振り「無銘了戒二尺三寸」を欲しいと兄に申し入れたのである。末子龍馬、愛刀家龍馬の面目躍如たる手紙である。

了戒は鎌倉時代から始まる山城国（京都）の刀鍛冶の流派であり、名刀である。

龍馬は坂本家の蔵刀を全て記憶していて、その中から自分で選んでいるので、龍馬の好みが分る。

二尺三寸というのは定寸《じょうすん》といって、江戸時代の武士の標準的長さである。

鎌倉時代、南北朝時代の太刀は長く、馬上戦向きに作られている。江戸時代は帯に差すので短かくなり、銘の部分が切り落すので、無銘となる。しかし、作風で流派が分り、無銘なれど了戒の作と鑑定される。

これを磨り上げ無銘という。

龍馬は古刀が好きで、了戒という地味な刃文の渋い刀を選んでいる。

この刀を拝領したかどうかは分ないが、兄権平は弟の希望をかなえて贈ったのではないだろうか。

この手紙を書いた八月八日の夜、龍馬は秘かに上陸し、川原塚茂太郎（権平の妻千野の兄）を訪ねて手紙と懐中時計一つを託している。

七

江戸時代、大藩には藩専属の御抱工《おかかえこう》と称する刀鍛冶がいた。佐賀藩の肥前国忠吉《ただよし》、仙台藩の国包《くにかね》などは最も有名な御抱工である。

幕末期、土佐藩には左行秀《さのゆきひで》という名工が抱えられていた。行秀の作った刀剣は鋭利で、堅固であり美しかった。現在、幕末期刀工にはめずらしく、国が重要美術品に指定した行秀の作品も残っている。「左行秀作之　嘉永六年二月日」と銘が刻られた刀で、坂本家の近くの水通町三丁目の関田邸で作られている。

行秀は本名・豊永九兵衛《とよながきゅうべえ》（のち久左衛門）。文化十（一八一三）年、筑前国上座郡朝倉星丸村

に生まれた。天保の初め江戸へ出て、刀工清水久義の弟子となり、刀工銘を信国九兵衛と名乗った。後に南北朝時代の名工・筑前国左《さ》（左文字《さもんじ》）の末裔と称して、左行秀と改めた。

弘化三（一八四六）年、土佐藩御抱工関田勝広《せきたかつひろ》の招きで豊永久兵衛は江戸から土佐国へ移った。しかし、すぐに高知城下に入ることは許されず、幡多郡入野郷で一年待たされている。この入野滞在中に作刀した作品に左行秀という刀工銘を使い始めている。

弘化四（一八四七）年九月、行秀は高知城下、水通町三丁目の関田邸へ移った。関田邸はかなりの敷地を持った屋敷だったので、行秀は同居して、なおかつ弟子数人を抱えたという。

安政二（一八五五）年八月、関田勝広が死去する。そして、翌、安政三年、左行秀は土佐藩御抱工となり三人扶持を与えられた。

安政七（一八六〇）年二月十七日、土佐藩工として、江戸出府が命ぜられた。

三月十八日、改元、万延元年となる。江戸では三月三日、大老・井伊直弼が桜田門外で殺害されている。行秀の出府が実際にいつであったかは不明であり、研究者によって意見が分れている。

出府した行秀は、江戸砂村にある土佐藩下屋敷に鍛錬場を作り住んでいる。

土佐藩砂村藩邸は現在の江東北砂一丁目付近であり、江戸市中より離れ、当時の切絵図を見ると新田に囲まれた辺鄙な場所にある。藩主が遠乗りに出た時に使う以外には何にも使用されなかった屋敷であり、鍛錬場には最適の場所であったという。

行秀は土佐藩抱工となる時、刀鍛冶、鉄砲鍛冶として採用されている。

この砂村下屋敷に洋式銃の製造工場を建て土佐藩の要望で火縄銃ではない西洋式銃を製造した。弟子を五十人ぐらい使っていたといわれる。

天保十三（一八四二）年の藩屋敷調べでは、深川（砂村）屋敷は四千六〇六坪あり、工場を建てるには十分すぎる面積がある。

慶応三（一八六七）年九月、行秀は高知へ戻る。

慶応四年、高知城下、北奉公人町で鍛錬を再開し、刀工銘も〈東虎《とうこ》〉と改めた。

明治三（一八七〇）年、この年で刀剣製作を終わり、刀鍛冶を廃業している。

明治二十（一八八七）年三月五日、死去、行年七十五歳。死去した場所については大阪説と横浜説がある。

墓は大阪市天王寺区生玉町の齢延寺にある。

この左行秀が弘化四年九月、高知城下に移り住んだ水通町三丁目の関田邸から十軒目に餅菓子屋〈大里屋〉があった。近藤長次郎の生家である。

近藤長次郎は天保九（一八三八）年三月七日高知城下、上町水通町《かんまちすいどうちょう》三丁目、餅菓子屋、大里屋伝次の長男として生まれた。

長次郎は天性、利発であったらしく、町人ではあったが学問を修める機会を周囲から与えられた。ジョン万次郎から西洋事情を聞いて『漂巽紀略』を編纂したことで有名な河田小龍の門下生となっている。

安政六（一八五九）年正月、長次郎は土佐藩重役、由比猪内の下僕として初めて江戸へ出府。岩崎弥太郎の紹介で安積艮斎《あさかごんさい》の門に入り、朱子学を学んでいる。

この門には清河八郎、小栗忠順、栗本鋤雲らが学んでいた。

安政六年九月十九日、母、鹿が死去。翌日、九月二十日、父伝次が死去。長次郎は急遽帰国した。両親は五台山竹林寺に葬られた。

大里屋は妹、亀に養子を迎えて継がせ、長次郎は再び江戸へ出府する。

『勤王諸家伝』には〈万延元年、龍馬と謀り、事情偵窺として江戸へ出府〉と書かれている。

この長次郎、再出府の日時特定に刀鍛冶、左行秀が登場する。

長次郎が江戸へ向かう旅の途中、東海道、富士川を渡っていた時、雨で増水した急流で船が転覆する事故に遭う。

身に帯びていた一切の品物を失った長次郎は裸同然で江戸へたどりつき、左行秀に助けられている。行秀はすでに土佐藩抱工として土佐藩江戸砂村下屋敷内に住んでいた。

行秀に江戸出府が命ぜられたのは安政七（一八六〇）年二月十七日である。が、

山川君送之東都為立別左行秀作之
万延元年仲秋

と銘が刻された刀剣が現存するので、行秀は万延元（一八六〇）年秋まだ高知にいて、山川君のために刀を鍛錬している。

長次郎の再出府は左行秀より後でなければならないので、万延元年再出府はないと考えられる。

安政七年が万延元年と改元されたのは三月十八日である。

安政七年二月十七日　行秀に江戸出府が命ぜられる。
安政七年三月三日　井伊直弼、桜田門外で殺害される。
安政七年三月十八日　改元、万延元年となる。

幕閣の中枢が殺害されるという江戸表の混乱状況を考えれば、江戸出府が命ぜられても土佐

藩江戸屋敷（鍛冶橋衛門内上屋敷）の都合で行秀の出府は延期されたのかもしれない。この事実により、長次郎の再出府は早くとも万延二年正月以降と考えられる。

万延二年は二月十九日に改元され、文久元年となる。

河田小龍著『藤陰略話』では長次郎の再出府の時の富士川での事故、江戸での学術修行の様子を簡単に説明している。

藤陰は近藤長次郎の号である。

〈東行中富士川ヲ渡ルトキ雨後ノ逆流ニ船ヲ転覆シ、帯セシ衣金皆流失シ辛フジテ東著シ、遂ニ左ノ藤右衛門ヲ訪、前件ヲ語リ衣食ヲ恵マレ此ニ滞留ス。

左ノ藤右衛門ハ行秀、筑前ノ鍛工ニシテ名手ノ聞ヘアルヨリ、水通丁三丁目鍛冶七兵衛ト云ヘルモノ之ヲ請ジ已ガ家ニ住マシメ其術ヲ学ビ居シガ、後藩ニ挙ゲラレ士籍トナリ、東武砂村ニ住メリ。其水通ニアリシ頃長次郎近隣ナレバ、日々彼ノ鍛場ニ遊ビ懇切ナリシガ、素ヨリ侠気アル藤右衛門ナレバ今回ノ事ニ及ベリ。

其頃高島、勝、両大家ハ声誉殊ニ高ク、且当世ノ実学家ナレバ、此両家ニ入門スレバ志ヲ述ブベシト、左ニ其意ヲ語リシヨリ、左モ之ヲ賞シ、媒介シテ入門サセケルガ、尤勝ノ愛憐ヲ受学業モ稍進ミケルヨリ、他諸侯ヨリ扶持シ抱ヘタキ旨勝ヘ依頼セシヨリ、本藩ニ

其事聞へ苗字帯刀ヲ許サレ、扶持セラレ、陸士格トナリ、更ニ勝ノ門人ヲ許サレ、初テ近藤長次郎ト称シ名ヲ昶ト名乗。〉

文久元年、江戸に出た長次郎は左行秀の学費援助をうけて、勝海舟、高島秋帆の門下生となり、土佐藩では苗字、帯刀を許し、扶持をもらい陸士格の士分に昇進している。

住居は砂村屋敷内の左行秀の自宅か、長屋だったと思われる。

翌文久二年三月、土佐藩を脱藩した坂本龍馬は西国放浪した後、江戸へ出てくる。その時、桶町千葉道場も潜伏先と考えられるが、桶町千葉は土佐藩鍛冶橋藩邸の近くであり、危険すぎる。

むしろ、市から遠い砂村下屋敷の方が潜伏するには都合が良かったと思われる。

左行秀の経済力、親しい近藤長次郎が一年以上前から住んでいる環境から、龍馬の潜伏先の可能性が強いように考えられる。

第四章　龍馬はなぜ三舟と会ったのか

幕末三舟　三幅対
（右　山岡鉄舟、中央　勝海舟、左　高橋泥舟）

一

山形県東田川郡庄内町清川に清河八郎記念館がある。ここが所蔵している『玄武館出席大概』という史料に坂本龍馬の名前が記述されている（史料①参照）。「土州藩　坂本龍馬」とある。

玄武館は北辰一刀流、千葉周作の道場で、神田お玉が池にあった。龍馬が入門した桶町《おけちょう》千葉は周作の弟・定吉《さだきち》の道場で〈小千葉《こちば》〉といわれていた。この史料は玄武館道場の稽古にも龍馬が出席しており、千葉兄弟の門弟連合稽古が行われていたことを証明している。

清河八郎も北辰一刀流開祖・千葉周作の弟子で免許状を取得している。

この史料（史料②参照）は嘉永四（一八五一）年二月一日から、千葉周作成政に北辰一刀流剣術を学び翌五年閏二月二十四日にこの巻物を賜ったと齋藤元司《さいとうもとじ》（のち清河八郎と改名）が直筆で書いている。

廣田幸記館長のご好意で、史料①と史料②の写真撮影を許可していただき、史料を精査することができた。

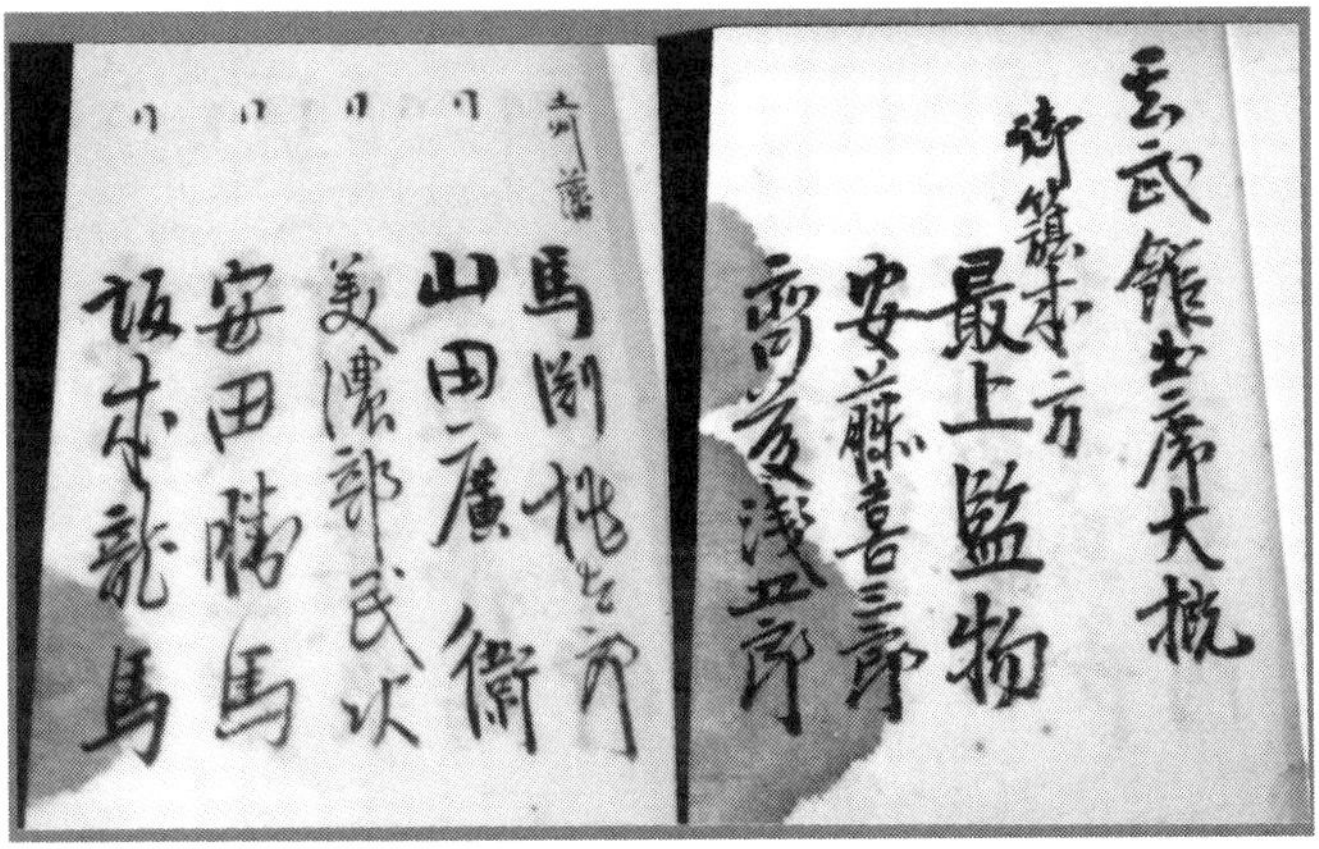

玄武館出席大概
御籏本方
最上監物
安藤喜三郎
馬渕桃太郎
山田二廣衛
美濃部民次
安田勝馬
坂本龍馬

史料①　『玄武館出席大概』（清河八郎記念館蔵）

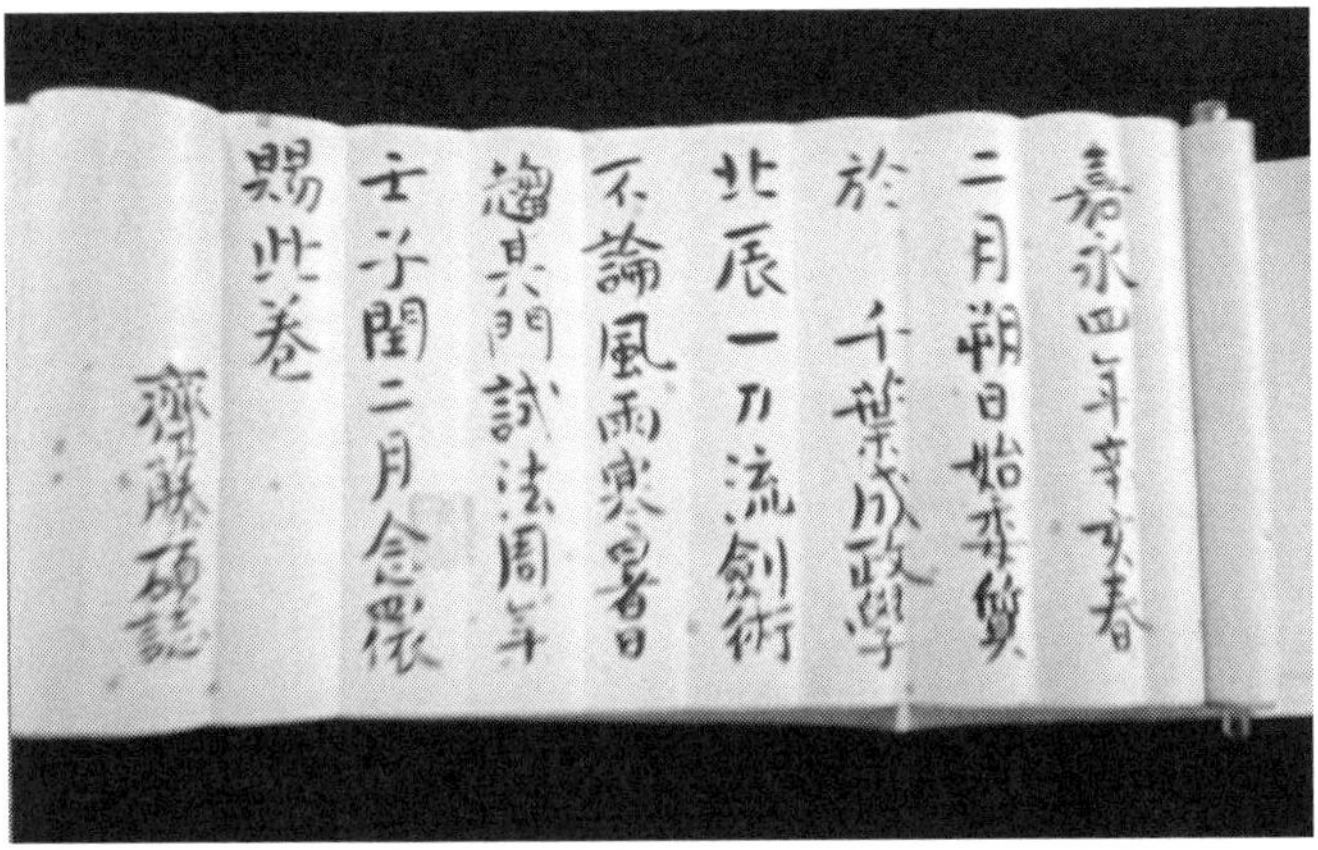

嘉永四年辛亥春
二月朔日
北辰一刀流劔術
不論風雨寒暑日
壬子閏二月
賜此巻
齋藤碩誌

史料②　『北辰一刀流兵法箇條目録』の巻末に貼付されている。
（清河八郎記念館蔵）

史料①と史料②は清河八郎記念館の説明によると、清河八郎の直筆である。

清河八郎と坂本龍馬は玄武館道場の出席者を記録した者と、稽古した者という関係になる。

清河八郎と坂本龍馬は、北辰一刀流の先輩、後輩となる。この二人は一緒に稽古をしているのであろうか。

龍馬の第一回江戸修行は嘉永六（一八五三）年四月頃、江戸に出て翌七年六月に高知へ帰国しているので、清河八郎と龍馬の稽古期間は重なっていない。

出羽国庄内、田川郡清川村の酒造業・斎藤治平衛豪寿《たけとし》の長男として、天保元（一八三〇）年十月十日、元司は生まれた。斎藤家は醸造石数が五百石、庄内第一の酒造家であり、大庄屋格・士分で十一人扶持をうけていた。

元司は天性、俊敏であり七歳で「孝経」、八歳で「論語」、十歳で「四書」を父から習った。十歳で近くの関所役人、畑田安右衛門について学び、十八歳まで「詩経」「易経」「礼記」「文選」と習い「左伝」へと進んでいる。

弘化三（一八四六）年初夏、備前岡山の志士で画家の藤本鉄石《ふじもとてっせき》が漫遊の途中、清川村を訪れて数日間、斎藤家に宿泊した。この鉄石との出会いが、十七歳の元司に大きな影響を与えることになる。

日本全国を自分の目で見てみたいという夢と、天下に名を成さんという大望を、元司は持つことになる。

弘化四（一八四七）年十八歳の時、江戸に出て、東条一堂の私塾に入門することができた。

翌年、元司は江戸にいる伯父弥兵衛及び金治が商用を兼ねて関西に旅行するのに同行し正月三日、江戸を出発。京坂より中国に足進め、岩国の錦帯橋を見て帰途につき、四月二十四日、江戸に帰った。

七月、弟熊二郎が病死したので、元司は急ぎ故郷へ戻った。

嘉永三（一八五〇）年一月二十五日、家を出た元司は鶴岡の伯父・金治宅から手紙を送って、遊学を願い出た。

母は金五両と薬籠《やくろう》を持って、鶴岡まで来て別れを告げたという。

元司は二月三日、鶴岡を出発して、京都をめざした。三月十一日、京都着。翌日、梁川星巌《やながわせいがん》を訪ねたが、老年と病気という理由で弟子入りを断わられた。やっと入門した岡村六蔵の塾は元司の気に入らなかった。学問の中心は江戸であると悟った元司は、江戸を目指すその前に九州旅行を企て、大坂、下関、小倉、福岡、佐賀、長崎へと旅している。

長崎ではオランダ船を初めて見て、そしてオランダ屋敷を訪ねている。

「オランダ人の風貌は猿に近い。近づけば臭気が犬のようで、その服装は美しいが、食べる物がひどいので臭うのか」と感想を遺している。また葡萄酒を勧められて、「にがく、すっぱく、飲むべからず」と述べ、初めての西洋人訪問は不評に終わっている。

その後、島原、熊本、久留米、豊後と歩き、日田で広瀬淡窓《ひろせたんそう》の咸宜園《かんぎえん》を訪ねている。しかし、面会はできなかった。

そこから中津に出て、下関、広島、大坂、と廻り、九月二十一日、江戸へ戻った。

元司は健脚であり、また諸国の風物に興味を示し、好奇心が強く、藩に縛られた藩士と違い自由に行動している。また、広瀬淡窓の名声にひかれて、私塾咸宜園を訪ねている姿は、向学心の表われでもある。

嘉永四（一八五一）年、元司は二十二歳となった。一月十二日には再び東条塾に入った。二月一日からは隣りの千葉周作道場・玄武館に入門、北辰一刀流を習い始めた。

文武両道を神田お玉が池で習得しようと、睡眠四時間という修行をつづけていた。

翌五年二月一日から元司は学問を安積艮斎《あさかごんさい》の塾に転じた。そこには十五名の寄宿生がいた。その中に土佐の間崎哲馬《まさきてつま》、南部の江田大之進がおり、意気投合し、終生の友人となった。

この頃、父宛ての手紙に、

〈十八歳で基礎を終了し、それより志した学問ですので、普通より四、五年、遅れております。なかなか簡単に追つけないでしょう。それなのに、毎年、学費をお送りいただき感謝いたしております。

たとえ、晩学でも二十七、八歳までには文章、剣術で身を起て、その上でご尊顔を拝したく思っております。そのあとは、毎年一回、庄内まで帰り、ご恩の万分の一でも報謝いたしたく思っております。

家督のことは、どのように取り決められても結構でございます。〉

とある。

二十三歳の元司の真面目さが、素直に出ている手紙である。

翌嘉永六年一月に書いた異国船来航の噂については、冷静に状況を分析している。

〈国元でも噂があるでしょうが。昨冬イギリス国よりオランダを取次として、幕府へ交易をしたいという願を申し出ました。特に伊豆沖の八丈島を拝借したいという。いずれ明年四月頃、浦賀まで返事をもらいに来ると言って帰りました。幕府でも特に海防の用意を厳重にいたしています。万一八丈島などが、外国の手に入っては、大変です。日本は小国といえども、武威の国、外国がことのほか、恐れ、簡単には手は出さないでしょうが、平和が久しくつづいていたので、士農工商、自然とゆるんでいるので、この隙を見て、攻めて来るかもしれません。何分、今年中に異船が来るとのことです。以前の幕府の「触」ではもし異国船が近づいたら、子細かまわず、打払えと申していますが、今度のことは容易でない事件、下手な対急はできず、穏便の返事になると観察しています。特に清朝（中国）などは初め、あまり手荒く対応したので、大変な事（阿片戦争）になりました。我日本は深く配慮が必要でございます。〉

異国船来航の噂について、イギリスが阿片戦争で、香港を割譲した問題をとりあげて日本の対応に気遣いを示している。

この年、三月、元司は故郷へ戻り、すぐに松前に渡り蝦夷地を歩き回り視察している。北方の海防が心配になったのであろう。ペリー来航の二カ月前の行動である。

嘉永七（一八五四）年二月、再び江戸に戻り、あこがれの昌平黌《しょうへいこう》に入った。しかし、その内容が気にいらず、湯島の聖堂は真に学問を志す人間がいる所ではないと感じた。今後は自分で一家を構え、書生に講義し、収入を得ながら、学問をつづけようと決心し、退学した。

この年、十一月二十七日改元、安政元年となる。これを期に齋藤元司を清河八郎と改名し、青年学者として自立することになる。

十二月二十八日、夜、江戸、日本橋のより火災となり八郎の新築した家も類焼した。

しかし、八郎は翌日、父あて手紙には、

〈新宅はあっけなく焼けました。にがにがしいことですが、人の力の及ぶところではありません。江戸にいれば火事は免れ難きものです。安積艮斎塾も、五、六年前に丸焼けとなりましたが、ますます高名となり、俗説に焼けぶとりと云いますが、このような禍いにあうことは天のいましめ、我の志には却て今後のために良いことです。〉

と書き、意気軒昂である。

三河町に建てた新宅が焼けたので、八郎は安政二（一八五五）年の春、故郷へ戻った。

家に戻って静かに考えると、十八歳の時から二十六歳になるまで九年間、家業を継がず故郷を出て、父母に心配をかけている。父は自分の志を知っているので、まだしも、母の苦労は普通ではない。この機会に母を連れて旅に出れば、自分がどのような世の中に興味を持って歩いているのか、理解してもらえるのではないかと考えた。

「ひとたび、母君を奉じて遊歴し、そのうれいを慰めんと欲するも、吾は常に東都に在り、学すべからくも廃すべからず、母君また疾を抱き、遠く郷里を去る能はず。」

従僕一人と荷持ち一人を連れて、母親孝行の旅に出た。

三月二十一日に故郷清川を出発し、帰ったのは九月十五日であり、半年間の旅であった。新潟―長岡―信州善光寺―木曽路―京都―京坂の見物をして四国へ渡り、四国から安芸国―厳島―錦帯橋―中国―京都へと戻り、東海道を下って江戸に着いたのは七月二十六日。江戸見物が終って日光へと足をのばしている。

このような旅に一体どのくらいの費用がかかるのだろうか。これは尋常な額ではない。八郎の実家、齋藤家の財力は普通の武家をも凌ぐものなのである。

安政四（一八五七）年四月、八郎、二十八歳で、妾の連《れん》と弟熊三郎を伴って江戸へ出てくる。八月、昌平橋内の神田淡路坂に家を求めて塾を開いた。弟熊三郎は千葉周作道場、玄武館へ通うことになる。

この時、坂本龍馬は第二回目の江戸修行で玄武館でも稽古をしている。

「玄武館出席大概」はこの頃、記録されたもので、その中に小野鉄太郎（山岡鉄舟）の名もあり、講武所世話心得の肩書も記述されている。

小野鉄太郎が講武所世話心得になったのは安政三（一八五六）年であり、講武所の学生の遊惰であるのに見切りをつけて短期間でやめているので、この史料の作成期間を特定することが

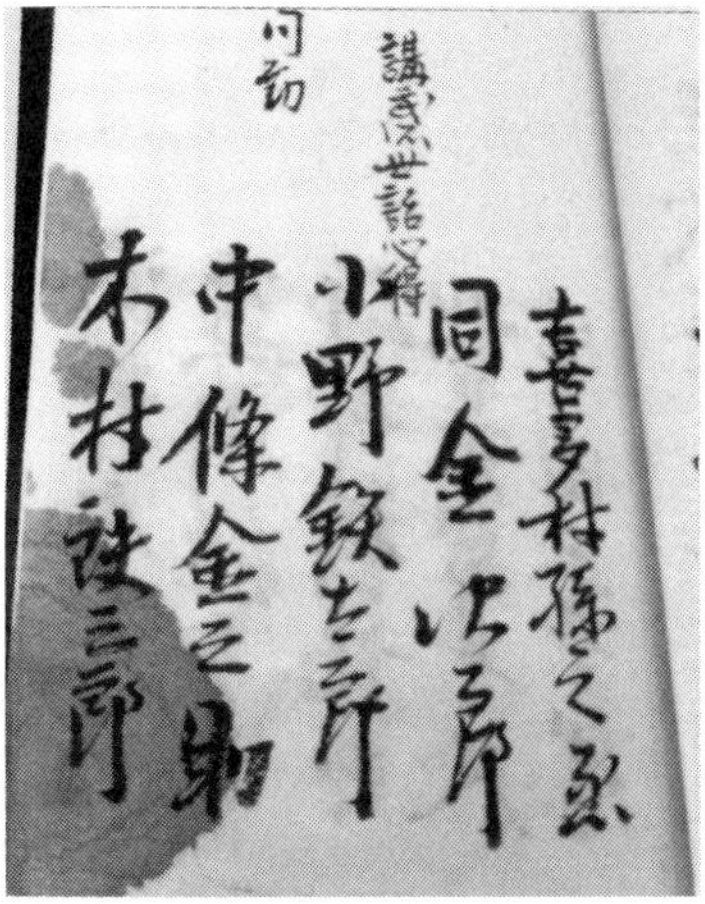

『玄武館出席大概』にある小野（山岡）鉄太郎（清河八郎記念館蔵）

できる。

坂本龍馬は安政三（一八五六）年八月二十日高知を出発、安政五（一八五八）年九月四日高知に戻っている。

築地講武所は安政三年十一月五日に開所しているので、この日から安政四年の前半までに「玄武館出席大概」は作成されていると思われる。

この史料に清河八郎の名前はない。

小野鉄太郎は講武所世話心得という肩書きで教師陣の中にいるので、稽古を指導していたのであろう。

坂本龍馬は一般の門人と一緒に、小千葉からの門人たちと稽古に加わっている。

おそらく、龍馬と小野鉄太郎は玄武館で知り合いとなっている。

清河八郎と山岡鉄太郎の交際の始まりも、やはり、北辰一刀流が縁であろう。

清河八郎は坂本龍馬について何も書いていない。おそらく、多くの門弟の中にいる土佐の若者ぐらいの認識だったと思われる。

後に述べる土佐藩の間崎哲馬《まさきてつま》と清河八郎は親しい間柄となっている。八郎は哲馬の頭脳を羨望の眼差しで見ている。漢学、漢詩の才である。自分よりも凄い男がいると惚れ込んだのである。龍馬は和歌を詠むが、漢詩は書けない。坂本家の素養は和学であり漢学ではない。八郎は龍馬には注目していなかったと思われる。

二

山岡鉄太郎墓は東京都台東区谷中の臨済宗国泰寺派の寺院、全生庵《ぜんしょうあん》にある。

この寺院の所蔵に「尊攘《そんじょう》遺墨《いぼく》」という巻物があり、巻頭に、

尊王攘夷発起

山岡鉄太郎

清川八郎

石坂周造
村上政忠
安積五郎
北有馬太郎
松岡万
池田徳太郎
伊牟田尚平
益満休之助
神田橋直助
樋渡八兵衛
抹消（大脇某）
笠井伊蔵
西川錬蔵

と十五名の氏名が連記されている。山岡、清川は別にして、それ以外の人物はどのような出自の人物なのか、調べてみる。

その経歴から、この集団が形成された過程が見えてくると思われる。

〈石坂周造〉天保三（一八三二）年、信濃国水内郡桑名村（現・飯山市桑名川）の農家に生まれ、幼名を源造という。六歳で寺の小僧に出され天海と名のった。十七歳の時、寺を追い出され、江戸に出て幕府の奥医師石坂宗哲に弟子入りし娘にみこまれて入婿となる。石川宗順となり、石川周造ともいう。

〈村上政忠〉天保五（一八三四）年、阿波国美馬郡貞光村に生まれる。大工、建具師だったが、剣術に才能があり、下総国佐原で剣術道場を開いた。石坂周造と知り合い江戸に出る。清河八郎の「虎尾《こび》の会」に参加した。

〈安積《あさか》五郎〉本姓は飯田で、天保三（一八三二）年江戸に生まれている。五郎は幼年期に天然痘で右眼を失明した。身長が高く、生ける仁王と言われた。楠木正成に私淑し、東条一堂の塾に入り清河八郎と知り合う。尊王討幕を主張し、文久三年、中山忠光の大和義挙に参加、元治元年二月、三十七歳で刑死している。

〈北有馬太郎〉本名中村貞太郎で、文政十（一八二七）年、肥前島原の北有馬村に生まれ、生誕地に因んで北有馬を仮名とした。幼年期より学に志し、広瀬淡窓、安井息軒らに学び、私塾を開らき学才を発揮した。勤王家真木和泉らに感化され、尊攘運動に参加、清河八郎の有力な同志となった。

〈松岡　万《よろず》〉天保九（一八三八）年、鷹匠組頭の家に生まれた。勤王思想に共鳴して、頼三樹三郎に師事し、頼が安政の大獄で処刑された際には、刑場から頼の片腕を盗み出し、神棚に供えたという伝説がある。清河八郎の「虎尾の会」に参加、浪士組の隊士募集に尽力し浪士取締役の一人となる。

〈池田徳太郎〉天保二（一八三一）年、安芸国の医者。元淋の子として生まれる。名は種徳。弘化二年、十五歳の時、広瀬淡窓の塾に学び、学費が尽きると托鉢僧となって苦学精励した。二十四歳で江戸に出て、林家の塾に入門、麹町で私塾を開いたこともある。安政元年、清河八郎と知り合い、尊攘運動にも参加した。新政府に仕えて島根県令となった。明治七年、東京で没している。行年四十四歳。

〈伊牟田尚平〉天保三（一八三三）年、薩摩国に生まれた。父は山伏で、尚平は初め医学を志したが、それを捨て安政元年、二十三歳のとき、江戸へ出て塩谷宕陰《しおのやとういん》に師事した。その後、清河八郎と知り合い、熱心な同志となった。清河の没後、益満休之助らと三田の薩摩屋敷に起居し、西郷吉之助の内意を受けて江戸の治安攪乱に加わり、幕府を怒らせて薩摩藩邸焼き打ちをしかけさせ、鳥羽伏見の戦の口実をつくったという。

〈益満休之助〉天保十二（一八四一）年、薩摩国鹿児島城下、高麗町に生まれる。名は新八郎。

二十歳の頃、江戸へ出た。薩摩藩の隠密で密命をうけて江戸の治安撹乱を企てた。

山岡鉄太郎が徳川慶喜の命を受けて、駿府の官軍大本営をたずねた時、同行したことは有名である。慶応四年五月十五日、上野彰義隊の戦では黒門口の攻略軍に参加して、銃弾をうけて戦死している。

〈神田橋直助〉 薩摩藩の関山糺の家来である。名は義徳。出自は不明である。ヒュースケン斬殺事件に関係していて、犯人の一人とされている。

〈樋渡八兵衛〉 薩摩藩士であるが、それ以外は出自不明。ヒュースケン斬殺事件に関係していて、神田橋らと実行したといわれる。

〈笠井伊蔵〉 本名小谷野元三郎で川越在の生まれで、御家人株を買って武士になったという。清河八郎の淡路坂の塾以来の古い弟子である。実直豪気で無口であったという。講武所、伊庭軍兵衛の道で剣術を学んだ。

〈西川錬蔵〉 文化十四(一八一七)年川越在小仙波の生まれで、家業は医者であった。嘉永元年三十二歳で江戸に遊学し、漢学、撃剣、兵法を学んでいる。北有馬や伊牟田と交わりが深く、悲憤慷慨家で後に住居を武州入間郡奥富に移し、清河八郎潜伏に助力している。

この集団は清河八郎が「虎尾《こび》の会」と呼んだ会に所属していた人物だけである。「尊王攘夷発起」と山岡鉄太郎が別の呼び名をつけて記録したのである。

この「尊攘遺墨」の巻末にある、二十六名の氏名が連記された集団の方が、重要な意味を持つと思われる。

清河八郎
安積五郎
北有馬太郎
笠井伊蔵
嵩　春斎
西川錬蔵
寿　和尚
益満休之助
伊牟田尚平
神田橋直助
住谷寅之助
下野隼次郎
桜田良介

藤本鉄石
飯居間平
山田大路陸奥守
池田徳太郎
松沢良作
西　泰助
木村久之丞
依田雄太郎
鈴木慎太郎
同　豊次郎
間崎哲馬
坂本龍馬

浪士取締役
山岡鉄太郎（印）

と二十六名の氏名が連記されている。
巻頭の連名と巻末の連名で重複しているのは十名である。

清河[11]八郎　安積五郎　北有馬太郎
笠井伊蔵　西川錬蔵　益満休之助
伊牟田尚平　神田橋直助　池田徳太郎
山岡鉄太郎

この十名である。

巻末の連名二十六名から巻頭の連名の十名を引いた中に、重要な人物がいる。住谷寅之助、間崎哲馬、坂本龍馬である。この三人についてふれてみる。

まず、住谷寅之助である。

安政五（一八五八）年十一月十一日、土佐伊予国境の立川関所を訪れた水戸藩士住谷寅之助と大胡聿蔵は、関所役人に坂本龍馬と会うために高知へ行きたいと言ったが、入国は許可されなかった。

住谷は龍馬あてに手紙を書き、立川関まで来て欲しいと願った。

『住谷信順廻国日記』に、

〈十一月二十三日、龍馬尋ね来る。川久保為助、甲藤馬太郎。龍馬誠実かなりの人物、併せて撃剣家、事情迂闊、何も知らずとぞ〉

〈外両人国家のこと一切知らず、龍馬とて役人名前さらに知らず、空しく数日を費し、遺憾遺憾〉

と書いている。

龍馬の二度目の江戸修行は安政三年八月二十日に高知を出発し、安政五年九月四日に帰国している。帰国後、二カ月して、住谷たちが土佐を訪ねたのである。

おそらく、千葉道場で交流を持った清河八郎、山岡鉄太郎たちから土佐の坂本龍馬という名前を聞いて訪ねてきたのであろう。

何故、龍馬を訪ねたか真意は不明である。

次に間崎哲馬である。

『高知県人名事典』（新版）には次のように紹介されている。

間崎滄浪《まさきそうろう》勤王志士、通称、哲馬《てつま》。名則弘。字は士毅。

天保五（一八三四）年、高知城下種崎町（現・高知市はりまや町一丁目）に生まれた。父房之助則忠は幡多郡間崎村（現・四万十市）郷士で医を業とした。母禮《れい》は田尾官助二女。哲馬は三歳で文字を覚え、六歳で四経五経を読み、七歳で詩を暗唱し、漢詩文を作ったと伝えられる。細川潤次郎、岩崎馬之助と共に三奇童といわれた。

嘉永二（一八四九）年十六歳の時、江戸に出て安積艮斎《あさかごんさい》の門に学び、塾頭となり、山岡鉄太郎、清河八郎らとも親交があった。

江戸滞在三年で帰国した。

安積艮斎の私塾見山楼は神田駿河台の旗本小栗忠順の屋敷内にあり、小栗自身も艮斎に学んだという。

艮斎は朱子学を基本として、陽明学の思考をとり入れ、自由な気風の私塾で、洋学の渡辺崋山、高野長英とも親交があり、『洋外紀略』を著し、世界史を啓蒙、海外貿易の要を説いている。

官学の昌平黌とは全く雰囲気が異っていた。若者に人気があり、艮斎、二十四歳から七十歳で死去するまで四十六年間に、門下生は二二〇〇人を超えたという。
門下生で歴史に名を遺した人をあげてみる。

小栗忠順　木村芥舟《かいしゅう》　栗本鋤雲《じょううん》　吉田松陰　高杉晋作　岩崎弥太郎　前島密　中村正直

清河八郎　秋月悌次郎　間崎哲馬　谷干城《たにたてき》　福地源一郎　楫取素彦《かとりもとひこ》　宇田川興斎　箕作麟祥

などがいる。

艮斎は故郷、二本松藩校・敬学館の教授職を受けて天保十四（一八四三）年から一年半、江戸を留守にしている。そのあと、艮斎は官学・昌平黌でも教えている。

哲馬は十六歳で艮斎塾に入門し、十九歳で高知へ戻っている。この若さで艮斎塾の塾頭をつとめたという事実が、哲馬の秀才ぶりを証明している。優れた頭脳と強靭な志を持つ哲馬に清河八郎と山岡鉄太郎が注目したのである。

また哲馬は詩才があり、多くの漢詩を遺している。

手を束ぬ牀頭《しょうとう》万巻の書

須《すべか》らく内省に従い工夫を著すべし
胸中物有り君知るや否や
聖と為り賢と為るも別途非《あ》らず
　枕元に束ねた万巻の書
　心に従い思索を書くべし
　胸に秘めたる志を君知るや否や
　聖人となり賢人となる道他になし

哲馬はこの詩を作って塾生に示し、ますます、研学につとめたという。

その学才と奇骨は清河八郎、山岡鉄太郎の心をとらえて、尊敬の念となったのである。

十九歳で土佐へ戻っていった哲馬が再び江戸へ姿を見せるのは、文久二（一八六二）年四月で、土佐勤王党員として活動する。

勤王党首、武市半平太（瑞山）の指令で、江戸の状況を詳しく報告する任務を帯びていた。

龍馬は文久二年脱藩の年、後半江戸に現われるので必ず間崎哲馬と会っている筈である。

間崎哲馬は文久二年三月五日、高知を出発し江戸へ向っている。四月下旬には江戸に着いているると思われる。滞在は築地中屋敷である。

間崎哲馬と坂本龍馬が文久二年に江戸で会ったとされる確実な史料は、閏八月下旬に、間崎哲馬、坂本龍馬、上田楠次、門田為之助が会合を開き、その席で哲馬は次のような漢詩を作っている。

壬戌秋日、与門田為之助、坂本龍馬、上田楠次会飲。時新令始下

匡時壮略少人知　相遇為歓相対悲
為酒典衣非俗態　因人為事豈男児
花柳依稀京国夢　風濤淅瀝虜船旗
繁華消歇眼前事　休唱江門新竹枝

〈滄浪（哲馬）一日《いちにち》、坂本龍馬等と柳橋の酒楼に飲む。時に越前春岳侯政事総裁となり、一橋将軍の後見となりて幕政を執り。新令を天下に頒ち。諸侯の妻孥。封に就くを許し。参覲の期日を改め。三年一覲。在府百日となす。果然諸侯藩邸の周囲は。商戸顧主を失ひ。就中呉服商は火の消ゆるが如し。零落を極めた。滄浪の詩はそれを謂ふたのだ。

松村巌の解説『間崎滄浪殉国の詩人』〉

一橋慶喜を将軍後見職に、松平春嶽を政治総裁職に任命した幕府が、その政治改革を試みた第一段は、閏八月一日、会津藩主松平容保を京都守護職に任命した。第二段は閏八月二十二日、諸大名の江戸参勤をゆるくして、三年に一回とし、期間は百日とした。第三段は同日、妻子の本領帰還を許したことである。

諸大名の妻子が江戸を去ることは、諸大名にその生活を支えられた町民に大きな打撃を与えた。この改革に不満を抱くものが多く、新政に参与した山内容堂を怨むものさえあった。

哲馬の詩はこのような事態を詠んだものとされている。

閏八月一日、八月二十二日、この政令が発せられた後、哲馬、龍馬、上田楠次、門田為之助が柳橋で会合を開いた。

龍馬は七月二十三日、樋口真吉に大坂で会い、その後、東海道を下って八月初旬に江戸に着いている。文久二年は閏八月がある。

閏八月下旬、龍馬は江戸の潜伏先からこの会合に出席している。

哲馬は築地中屋敷にいるが、龍馬とは連絡のとれる状況だったのであろう。

三

間崎哲馬は安積艮斎塾で塾頭をつとめ、清河八郎、山岡鉄太郎は若き秀才哲馬を尊敬し親友となっていた。

坂本龍馬は北辰一刀流千葉道場、神田お玉が池にある玄武館でも稽古をしていて、小野鉄太郎（山岡鉄舟）とも知り合いである。この龍馬と哲馬の組み合わせが重要な意味を持ってくる。

山岡鉄舟と高橋泥舟が義兄弟であることは説明することもない程、有名である。

小野鉄太郎が二十歳の時、槍術の師、山岡静山の門下生となった。槍術家としての静山の技量が卓抜であることは勿論だったが、静山の人格が優れていることに心酔した。

しかし、わずか八カ月の後、静山は急死した。静山は二十八歳で独身だった。

静山には二人の弟と二人の妹があった。上の弟は信吉、下の弟が謙三郎で後の高橋泥舟である。

信吉は生来の聾唖《ろうあ》であり、武門の後継者にはなれなかった。下の弟謙三郎はすでに高橋家の養子となっていた。

そこで上の妹の英子《ふさこ》に婿を迎えて、跡目としなければならなかった。

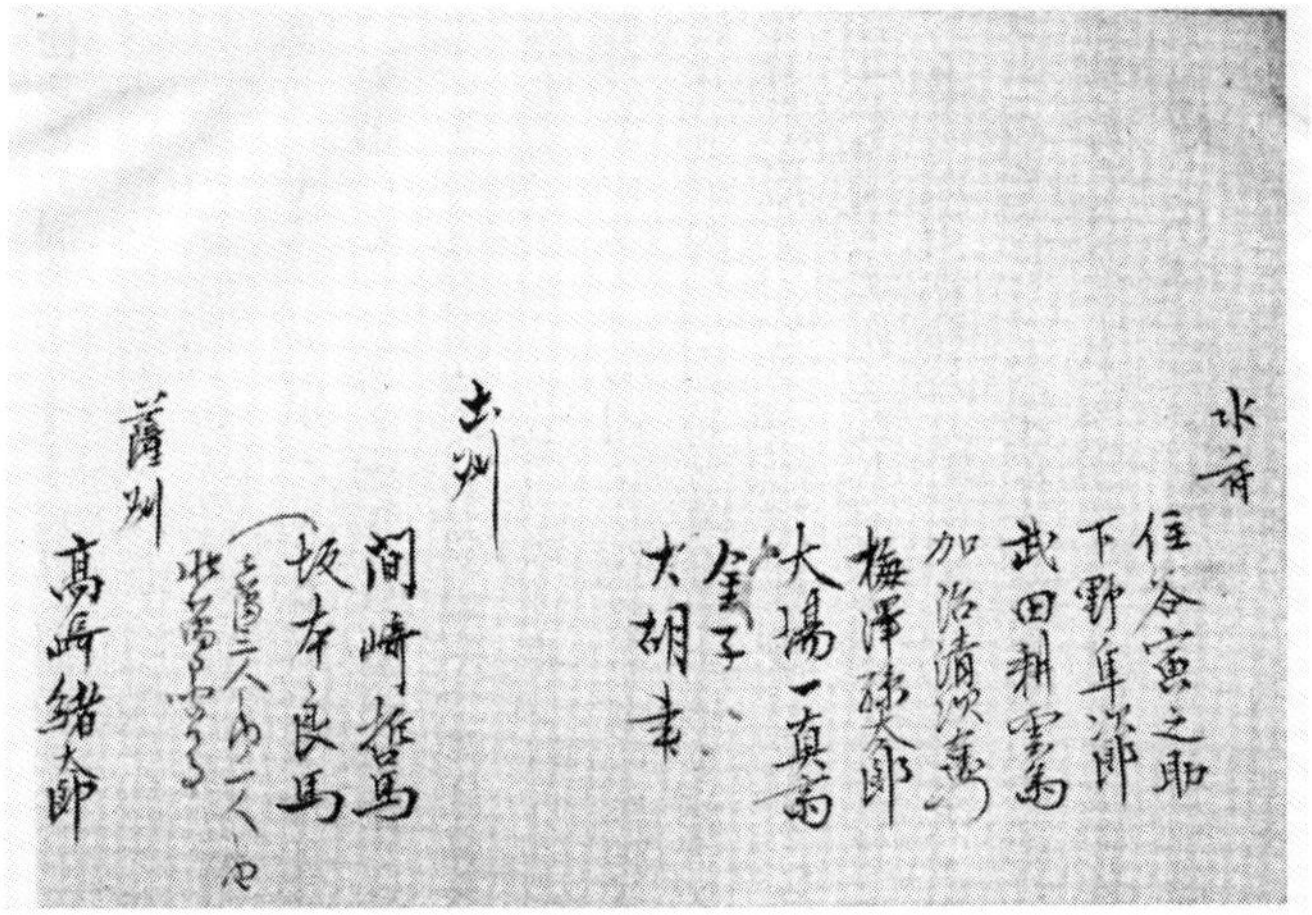

高橋泥舟筆『公雑筆記』（足利学校蔵）

それ故、小野鉄太郎が山岡家の婿養子となり、高橋泥舟と義理の兄弟となったのである。剣の鉄舟、槍の泥舟として、幕末の三舟に加えられている。

この高橋泥舟が、講武所で槍術師範をしていたので将軍徳川家茂の上洛が無事に実施できるように、将軍の警護を命じられた。『続徳川実紀』文久二年十二月十日には次のように記録されている。

〈来二月　御上洛之節。御先《おさき》へ可レ被レ登《のぼるべく》候《そうろう》。

両番上席

講武所槍術師範役並

奥詰

高橋謙三郎

二丸御留守居

勤向是迄之通
布衣
右被㆓仰付㆒之。〉

高橋泥舟は将軍上洛の前に京都で、各藩の志士たちに面接を実施、人物評価をしていた。その中に土佐藩の坂本龍馬と間崎哲馬がいたのである。また中岡新太郎も龍馬と別に泥舟と会っていた。

『高橋泥舟――高邁なる幕臣』（岩下哲典編著、教育評論社）の中に次の文章がある。少し長くなるが、新史料発見の重要な文章なので引用する。

〈文久二（一八六二）年末から三年春ごろの泥舟が、直接面会した志士たちに関して書き留めた史料があるのだ。研究編で紹介している泥舟直筆「公雑筆記」（足利学校所蔵）である。そこに記されているのは、まず水戸藩の住谷寅之助、下野隼次郎、武田耕雲斎、梅澤孫太郎、大場一心斎、金子勇二郎、大胡聿蔵らで、彼らは慶喜あるいは水戸藩主徳川慶篤に従って上京していた。「公雑筆記」収録の水戸藩関係者は、記録当時在京中で、泥舟は京都などで彼らと直接面会したと思われる。

次に書かれているのは土佐藩士間崎哲馬と坂本龍馬である。おそらく二人一緒に泥舟とあったのだろう。泥舟は「良馬」と書いているが、当時は、名刺を出さない限り、こうしたことはよくあることだ。同じ土佐藩の岩崎弥太郎でさえ「良馬」と書いている（原口泉『龍馬の夢を叶えた男　岩崎弥太郎』）。

泥舟と龍馬が面識があったことは、この史料で初めてはっきりわかったことなのだ。

なお、泥舟は龍馬に関して「土藩三人之内一人之由、肥藩中聞候事」、つまり土佐藩の三人の内のひとりであると会津藩士が伝えたとしている（肥藩は肥後藩すなわち熊本藩ではなく、会津藩と考えられる。後述）。ここでは土佐藩で有名な三人の内のひとりと考えておく。あとの二人はおそらく間崎と中岡慎太郎と思われる。ところで、「肥藩」は、この史料の後の方で「松平肥後守藩」の「大場（庭）恭」の部分では、「肥藩ニは先第一ノ人物」と書いていることから、会津藩とすべきだろう。

つまり、会津藩の情報網では、龍馬が土佐藩の有名な三人の内のひとりとされていたことになり、その後の寺田屋での龍馬捕縛未遂事件（幕府側にとっては捕縛失敗一件）や暗殺の裏に会津藩（幕府見廻組や新撰組など）の影がちらつくことも軌を一にしている。龍馬は早くから会津藩や幕府の情報網にかかっていたことになる。その点では、後で出てくるが、中岡慎太郎の名前も見られるので、中岡も同様である。しかし、泥舟は「格別ニ有志ニは不有之候由」、つまり、それほど有志でもないと中岡を評している。泥舟は、面会して、有志なのか、そうでないのか、そうしたことを観点にこの記録史料を認めたのである。〉

（『高橋泥舟　高邁なる幕臣』岩下哲典編著）

坂本龍馬と間崎哲馬の組み合わせで高橋泥舟を訪ねているのである。この史料の記述された年代は文久二〜三年頃と推定されているので、龍馬の足どりを追う時に重要となってくる。

高橋泥舟と龍馬・哲馬はどこで、会ったのだろうか。

岩下哲典氏は引用文につづいて次のように書いている。

〈まとめてみると、水戸藩十人、土佐藩三人、薩摩藩二人、会津藩二人、紀州藩二人、京都絵師二人、不明一人の合計二十一人である。泥舟は上京中にこれらさまざまな出自の有志と面会し、その人物を見極め、ネットワークを構築し、自分が率いる幕臣攘夷集団とともに何かなそうとしていたことがうかがわれる。おそらくそれは、全国あげての攘夷実行であろう。そのための有志を京都で見極めていたのだと思われる。〉

岩下哲典氏は泥舟と龍馬・哲馬が京都で会ったとされている。

岩下氏とは親しくさせていただいているので、更に詳しく聞いてみた。

足利学校所蔵の「公雑筆記」は高橋泥舟の直筆か。清書されたものか。記載されている志士の順序は時系列に並んでいるのか。

岩下氏の回答は、「高橋泥舟の直筆であり、清書されている。志士の名の配列は、清書した段階で変っている可能性もあり、時系列で並んでいるとは言えない」というお話だった。

龍馬と哲馬は並んでおり、中岡慎太郎は最後の方に「土佐藩　中岡光次」とあり「格別ニ有志ニは不有之候由」と添書がついている。

岩下氏は龍馬と哲馬は一緒に泥舟に会っており、中岡慎太郎は別の日に一人で泥舟に会っているのであろうというお話だった。

『中岡慎太郎全集』の年譜によると、中岡は文久二年十二月に京都にはいない。

〈十二月二十日　　水戸発足
　二十七日　高崎沓掛をへて上田さらに佐久間象山招聘のため信州松代に至る。
文久三年
一月九日　　水戸信州の旅を了之入京
三月二十六日　容堂離京に扈従して帰国〉

とあり、京都に中岡がいるのは、一月九日から二月末までとなる。
この間に高橋泥舟と会っていることになる。

間崎哲馬の文久二年十二月の足跡は明確に分っている。

文久二年十二月五日、
〈同日　帰邸後、土藩間崎哲馬、坂下《マ》竜《マ》馬、近藤昶次郎来る。公対面せられしに大坂近海の海防策を申立たりき〉

（「続再夢紀事巻三」）

間崎哲馬、坂本龍馬、近藤昶《ちょう》次郎《じろう》の三人で松平春嶽公に江戸屋敷で拝謁している。
十二月六日、間崎哲馬は竜ノ口勅使館に三条実美を訪い、実美から将軍の勅書奉答書謄本と封書一通を託された。京都の正親町三条実愛に送達するためである。哲馬は容堂の内意を受け、情勢を土佐藩庁に報告し、藩政を一新するため弘瀬健太を同伴し江戸を出発した。
山岡鉄太郎は哲馬のために短刀をはなむけとして贈っている。

〈文久二年十二月七日。将発江門帰南海、幕府士山岡鉄太郎、水藩士下野隼次郎、金子勇次郎等六、七名来送別。山岡君出此刀于懐付余以為贐。　　建依別臣則弘〉

と白布に哲馬が自書して短刀を包んでいる。この短刀と白布が哲馬のご子孫のお宅に伝えられている。

十二月十三日、哲馬と弘瀬健太は京都に着く。哲馬はすぐに平井収二郎に面会、十五日の夜、深尾包五郎の宿舎で会合を開き、土佐の藩政改革について協議した。

藩庁の保守的な勢力を突破するには青蓮院宮の令旨を請うことが最良とする案が考えられた。平井収二郎はすでに宮の知遇をうけていたので十七日、平井は間崎哲馬と弘瀬健太を宮家へ同伴した。

平井の手記『隈山春秋』には次の記事がある。

〈同十七日、晴、与間崎哲馬、弘瀬健太と青門宮に謁す。宮一封を両士に授けて曰く、帰国して之を景翁に致し、時勢切迫、能く余の意を以て景翁を喩し、容堂父子をして後顧の憂無からしめよと。両士始めて宮の英邁を知り、拝舞踊躍して去る。〉

哲馬と弘瀬健太は青蓮院宮から令旨を受けて、容堂父子を憂いなからしめよと喩された。

十二月十八日、哲馬、弘瀬健太は京都を出発し高知へ向う。

十二月二十四日夜、高知へ着くと、その夜のうちに南会所（藩庁）に出頭、それから連日活動をつづけた。執政、参政、大監察、家老を訪ね、時勢の変遷を説明した。

二月二日、哲馬は土方楠左衛門と共に高知を出発。

二月十日、京都に到着。

二月二十四日、山内容堂に謁見、青蓮院宮令旨の請下を叱責される。

二月二十六日、自首状を提出。

二月二十八日、哲馬は檻送と決まり旅舎に謹慎する。

四月一日、京都出発、哲馬は大坂より海路檻送され、高知の山田町牢舎に投獄された。

六月八日、平井収二郎、間崎哲馬、弘瀬健太は切腹を命ぜられた。


青蓮院宮令旨事件となり、大きな衝撃となって志士たちの間に広がっていった。

龍馬は兵庫にいる勝海舟の日記・文久二年十二月二十九日に初めて登場する。そして、京都の様子はどうか、と質問されている。しかし、間崎哲馬は京都で高橋泥舟の面接を受ける時間があっただろうか。今後の研究課題である。
龍馬は文久三年六月二十九日、姉乙女にあてた手紙の中で、
〈平井の収次郎ハ誠にむごいむごい。〉
と書いている。

四

山岡鉄太郎（鉄舟）にふれておく。

父は幕府飛騨郡代で小野朝右衛門。母は常陸国の鹿島神宮社人、塚原石見《いわみ》の二女磯《いそ》。

天保七（一八三六）年六月十日、江戸に生まれ、山岡家を継ぐ。

九歳で撃剣の道に志し、久須美閑適斎に真影流を学び、後に井上清虎の門に入り、北辰一刀流を学ぶ。

幼少より書を飛騨国高山の人、岩佐一亭に従学し、弘法大師入木道五十三世の伝統を継いだという。

十三歳のころより禅学を好み、その志を起こす所以は、武家に生まれ、非常の時、敵に向かい、不動心でいるには、丹を練るには何が第一かと父に問うと、吹毛曽不動《すいもうかつてふどうせず》と答えた。この

禅語を深く信じ、禅道を心がけたという。剣、書、禅に通じた達人である。

龍馬はこの一歳年下の達人に、玄武館で教えを受けたことになる。今までの坂本龍馬研究は桶町千葉と神田お玉が池の玄武館は、千葉周作と定吉が兄弟と記述されるだけで、それ以上の研究はなかった。

今回、清河八郎記念館のご好意で、「玄武館出席大概」を見せていただき、全頁を写真撮影させていただいた。

その中に坂本龍馬と小野鉄太郎の名が載っていた。玄武館で桶町千葉の門弟たちも稽古していたことは驚きであった。この史料により龍馬と鉄太郎の接点も明らかとなった。また間崎哲馬が、清河八郎と安積艮斎塾で親友となっていることにより、龍馬との関係も見えてきた。

『玄武館出席大概』（清河八郎記念館蔵）

『公雑筆記』（足利学校蔵）

この二つの史料は、坂本龍馬研究の中で重要な一級史料と思われる。

両史料によって、坂本龍馬と小野鉄太郎、清河八郎、間崎哲馬、高橋泥舟が顔見知りだと分った。

そして、もうひとつ、坂本龍馬が幕府中枢の人物の日記に記述されていた。

〈幕臣杉浦兵庫頭は文久二年から生涯を終えるまでおよそ四十年間、休みなく綴った日記が残されている。

幕末から明治時代後半まで続くこの膨大な日記は文久二年から元治元年までの日付時代、慶応二年から四年までの箱館奉行時代、明治二年から十年までの開拓使時代、明治十九年から三十三年までの晩翠吟社時代と、ほぼ四つの時期に分けられる。

文久二年からの日付時代は、時あたかも尊王攘夷運動の頂点である。幕閣の中枢部にいた杉浦は眼前に起こる日々の出来事を日記に洩れなく記録していく。それは、手を加えられない維新動乱の裏面史でもある。〉

（『最期の箱館奉行の日記』田口英爾著）

杉浦正一郎は文政九（一八二六）年一月九日、江戸牛込田町で久美祐義の長男として生まれた。

天保十四（一八四三）年、祖父祐明が、大坂町奉行に任命されたので父祐義と共に正一郎も大坂へ随行した。十八歳であった。

嘉永元（一八四八）年十一月、正一郎は正式に旗本杉浦家の家督相続権を譲り受けて、十一月二十六日、相続した。二十三歳であった。

文久二（一八六二）年、老中板倉勝静《かつきよ》が正一郎の人トナリヲ識リ、俄カニ薦《すす》メテ監察とした。監察は目付である。

杉浦はこの日から、元治元年六月まで約二年間、老中板倉勝静の片腕として活躍する。

将軍家茂の上洛は、紆余曲折の後、翌年二月の出発することが文久二年九月七日に公表された。

九月十一日、将軍上洛の随行者の人事が発令された。老中では水野和泉守と板倉周防守、目付は神保伯耆守、大井十太郎、山口勘兵衛、服部帰一、大久保権右衛門、長井五右衛門、杉浦正一郎の七名だった。

将軍後見職一橋慶喜の先発と政事総裁職松平春嶽の状況も決った。

杉浦は目付の中から春嶽随行に選ばれた。

文久三年一月、杉浦は三十八歳の正月を迎えた。五日、松平春嶽邸での酒宴に招かれ、初めて横井小楠に会った。

一月二十二日、杉浦は松平春嶽の随行として順動丸に乗り、二十三日、品川を出航。二十九日に大坂天保山沖に着いた。

『海舟日記』には、

〈二十二日、午後、春嶽殿、御乗船。従属八十余人、監察杉浦正一郎、奥御祐筆西尾錦之助、松平太郎ほか、便船奥医石川玄貞、松本良順、徒目二人、小目四人、乗組。士官は図書殿の時の如く同断。〉

〈二十八日、兵庫に到る。総裁、御上陸。〉

〈二十九日、湊川へ御上陸、午後大坂に到る。〉

と記述されている。

杉浦正一郎の『経年紀畧』には、

〈順動丸艦中に於テ坂本龍馬ニ初テ逢、歓話ヲ尽ス。〉

とある。

一月二十二日から二十九日までの八日間、杉浦正一郎と坂本龍馬は歓話を尽したのである。龍馬は初対面の幕府目付と自然体で話をしている。会話の内容は不明だが、おそらく、対等に気後れすることなく様々な分野の話に及んでいると思われる。

そこには龍馬は自分で見てきた経験からの独自な意見もあり、相手を魅了するものも含まれていたと思われる。

それは龍馬という人間の大きさであり、知識の豊かさを証明するものである。

最後になったが、三舟の一人、勝海舟である。龍馬の育ての親であり、恩師である。勝海舟と坂本龍馬については、多くの研究書で書かれている。屋上屋を架す必要はないと思われるが、ただひとつ、最初に出合った日時が確定される史料がない。

文久二年の後半期と推定されているが、どの史料も決定的ではない。

海舟日記に龍馬が出てくるのは文久二年十二月二十九日、大晦日である。この時はすでに海舟門下生となって、しばらく時期が経過していると思われる。


鉄舟は天保七年生まれで、龍馬より一歳下、泥舟は天保六年生まれで龍馬と同い歳。海舟は龍馬と同じ未歳生まれで十二歳上という年齢である。

三舟と龍馬、こうして人物を眺めてみるとそれぞれに魅力的な日本人である。

生涯という長さで人間の生き方を考えると、龍馬だけが暗殺という形で終止符が打たれている。三十三歳だった。

鉄舟は明治二十一（一八八八）年、五十二歳で病没している。剣、禅、書の達人といわれ、独自の境地に達しての往生である。

海舟は明治三十二（一八九九）年、七十六歳で死去している。十五代将軍、徳川慶喜と明治天皇の謁見を見届けての死である。幕臣としての仕事を終えての見事な最期である。

泥舟は明治三十六（一九〇三）年、六十八歳。槍一筋の一生であった。

三舟はそれぞれに自分の生涯を完成させて死んでいる。

龍馬だけが未完成の人生だった。動乱の時代に生きた志士としての生涯であり、近代日本の基礎を作る活動の途中の無念の死であるが未完成に終ることを決意しての生涯であった。

西郷隆盛、大久保利通、高杉晋作、久坂玄瑞、中岡慎太郎、龍馬の盟友たちも同じ運命を覚悟しての人生だった。

第五章

龍馬はスペンサー騎兵銃を撃っていた

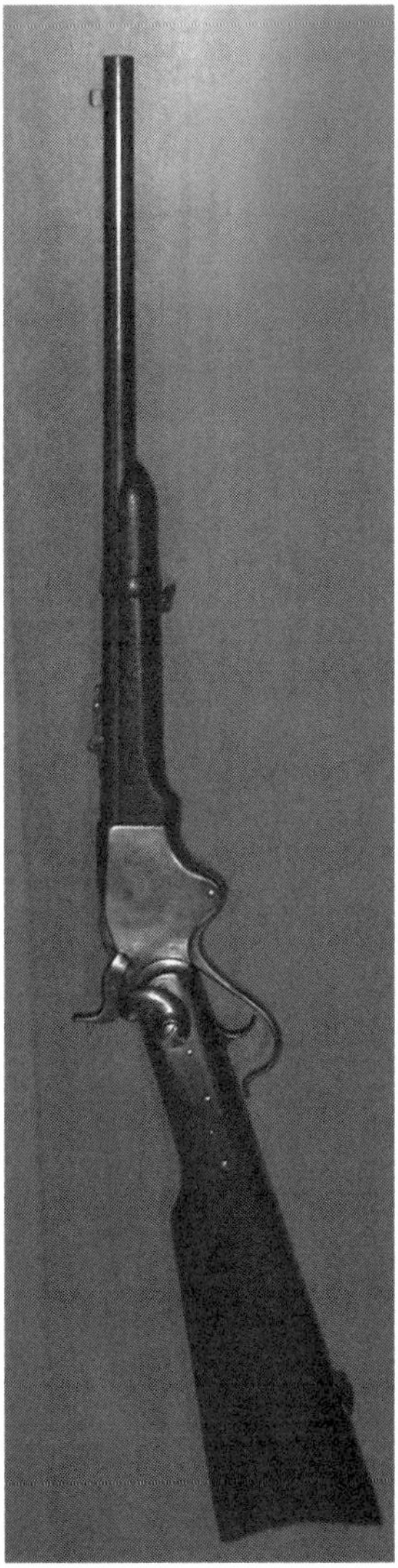

一

龍馬が遺した手紙は一四〇通を超えている。幕末の日本を飛び歩いた志士としては比較的、遺っていると思われる。

手紙は直筆であれば第一級史料であり、研究の基本となる。そして、その解読、読み下しは重要であり、正確でなければならない。

龍馬の手紙の中に一通、最近まで正確に読み込んでいない手紙があり、その手紙の価値が理解できていないものがあった。

溝渕広之丞《みぞぶちひろのじよう》にあてた手紙である。龍馬は才谷梅太郎の変名を使用しており、日付は〈十六日〉とだけ書かれている。

溝渕広之丞は土佐藩士で文政十一（一八二八）年二月九日、土佐郡江ノ口村の軽格の家に生まれている。嘉永六（一八五三）年三月、坂本龍馬の初めての江戸修行に同行している。慶応二（一八六六）年、土佐藩から英学と砲術研究のため長崎に派遣された。当時、探索方も兼務し、滞在中に旧知の龍馬と会い、その紹介状をもって長州に桂小五郎を訪ねて時勢論を交わしている。これが長州孤立後、土佐藩士として初めての長州訪問で、土州長州両藩の接近に大きな役割を果たしたとみられている。

下関戦争へも龍馬と同行し、海戦見取り図を描いている。また、土佐海援隊発足の場となった長崎清風亭での龍馬と参政・後藤象二郎の会談の仲介役を果たし、大政奉還への基を作ったともいわれている。

慶応三（一八六七）年十月十七日、長崎から夕顔丸で土佐へ帰国するに当り、土佐藩の青年達の啓発に役立てるため洋書を持ち帰り藩庁へ届けている。その後、藩の持筒役となり砲術指導を行っていたが、明治二（一八六九）年十月一日、家督を養子に譲り隠居している。その後町内の世話役などをして悠々自適の生活を送り、明治四十二（一九〇九）年七月四日病没した。享年八十二歳だった。

拝啓
然ニ昨日鳥渡《ちよつと》申上候
彼騎銃《きじゆう》色〻手を尽し
候所、何分手ニ入かね候。先
生の御力ニより候ハずバ
外ニ術《すべ》なく御願の為

参上仕候。何卒《なにとぞ》御
願申上候。彼筒《かのつつ》の代金
ハ三十一両より三十三両
斗《ばかり》かと存候。うち今一所
より申来候もの四十金
と申候。あまり法外に
高金と存候まゝ無二余《ほか》
儀《ぎ》一先生を労し奉候。
宜しく御聞込可レ被レ下候。

十六日

頓首

才谷梅太郎

溝淵広之丞先生

左右

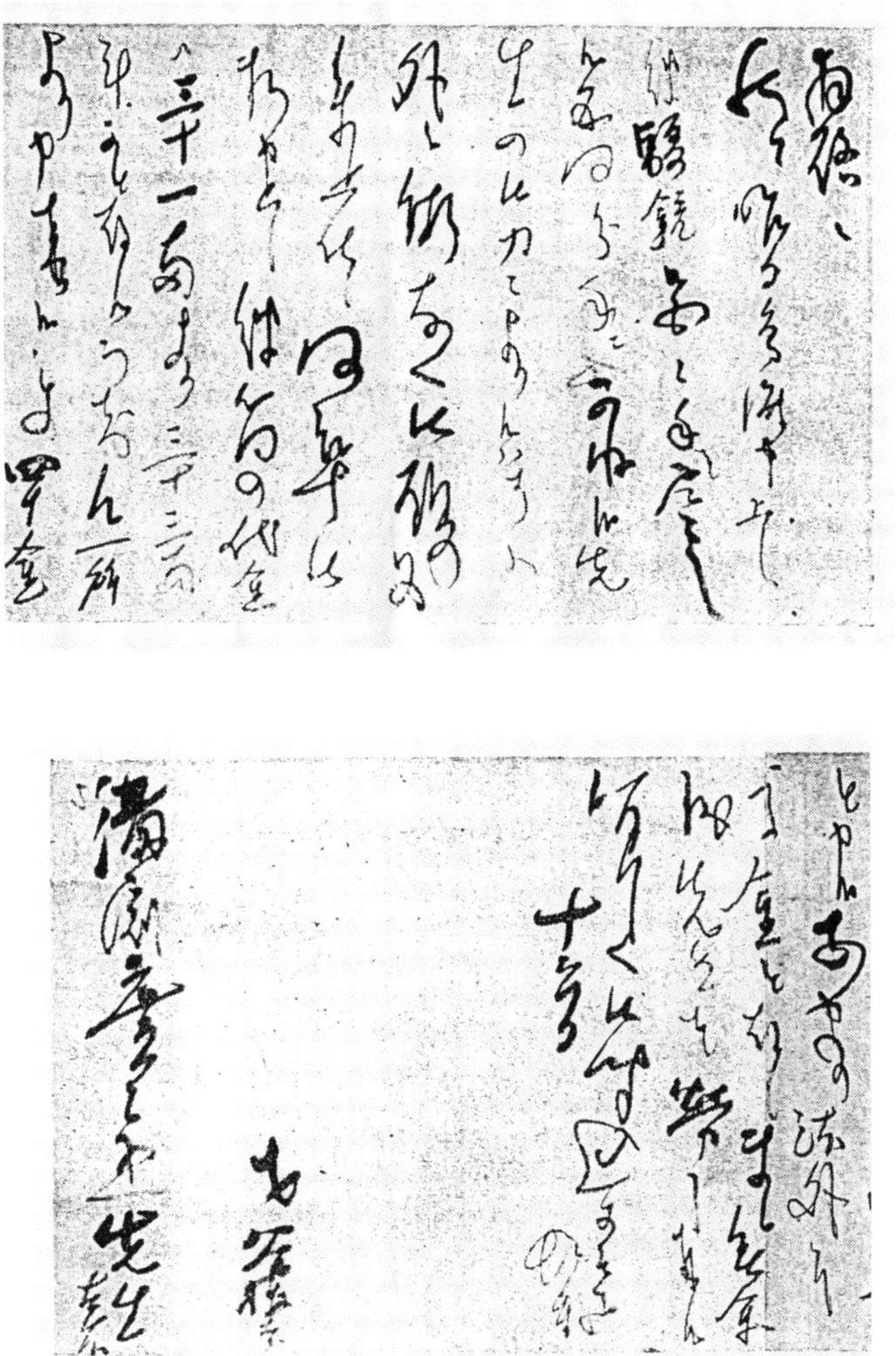

溝渕広之丞あて龍馬の手紙

（現代語訳）

拝啓

昨日、少し申し上げましたが、かの騎銃《きじゅう》は色々と手をつくしましたが、手に入れることが出来ませんでした。先生のお力をお借りしないと、他に方法がありませんのでお願いのため、参上いたしました。なにとぞよろしくお願い致します。かの銃の代金は三十一両から三十三両ばかりと思います。いま一カ所から言ってきたのは四十両といいます。あまりに法外な高い値段と思いますが、他についてもなく、先生にご苦労かけますが、よろしくお聞き入れ下さい。

頓首

十六日

この手紙は龍馬が銃を買うために苦労していた時期に書かれており、希望する値段で売ってくれる武器商人を紹介して欲しいという内容である。

商人は外国人と考えるのが妥当と思われ、龍馬と溝淵が、昨日会っているという文章から同じ町にいる時と考えられる。

溝淵は慶応二年から慶応三年まで、長崎へ英学、砲術研究のため土佐藩から派遣されていた。両者が長崎にいる某月十六日に書いた手紙と推定できる。龍馬は忙しく行動しており、溝淵は長崎に長期滞在しているという状況から、慶応二年から慶応三年十月までの間で、龍馬が長崎にいる月の十六日と考えられる。

龍馬研究家・宮地佐一郎は『龍馬の手紙』（講談社学術文庫）の中で、この手紙を慶応二年十一月十六日と推定している。

「騎銃」についての解説はない。この騎銃の意味が正確に理解できることにより、この手紙は重要な意味を持つことになる。

先ず「騎銃《きじゅう》」とは「騎兵銃《きへいじゅう》」のことであり、英語ではカービン銃（Carbine）という。馬に乗る騎兵が使用する銃で歩兵が使う銃よりも銃身が短かく、全体の重量が軽いために日本人の体格に合っており、歩兵銃よりも扱いやすかったのである。

この騎銃とはスペンサー騎兵銃のことで、七連発である。NHK大河ドラマ「八重の桜」で主役の山本八重が会津戦争で使っていた銃である。

スペンサー銃はアメリカ合衆国で製造されたレバーアクションライフル銃で南北戦争に使われた。一八六〇（万延元）年、クリストファー・スペンサーによって完成したこの銃は最初、アメリカ陸軍省の保守主義によって、軍への導入が遅れたが、リンカーン大統領が射撃競技会と兵器展示会でこの銃に感銘を受け、採用製造が命じられた。

スペンサー銃は細かく分けると五種に分類される。

ネービー・ライフル（海軍用）
アーミー・ライフル（陸軍用）
ラージ・カービン（大型騎兵用）
スモール・カービン（小型騎兵用）
スポーテング・ライフル（スポーツ用）

銃身の長さが異る（写真参照）。

龍馬は長崎で外国商人からこのスペンサー騎兵銃を見せられ、自分でも試射したと思われる。そして、その優れた性能に驚愕《きょうがく》したのである。筒先から火薬や弾丸を入れるのではなく、元《もと》込《ごめ》でありしかも、七連発なのである。一分間に一四発から二〇発の弾丸を発射できる。

先込銃に火薬、弾丸を込める時、兵士は直立して銃口を垂直にしなければ、火薬、弾丸は筒先から中に落ちていかない。その弾丸の入れ替えの時、兵士は直立しているので、敵から狙わ

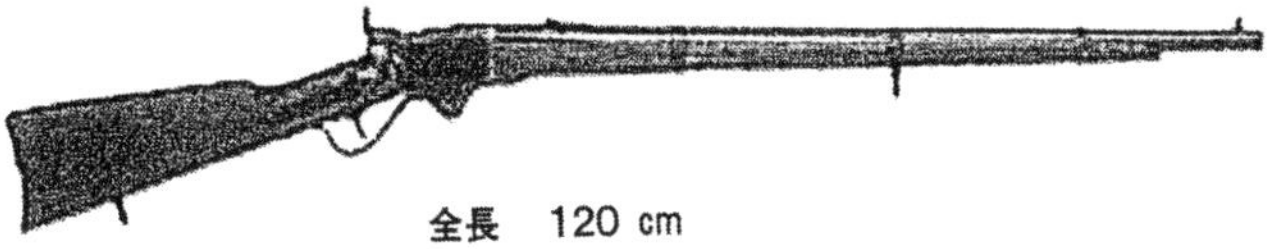

全長　120 cm

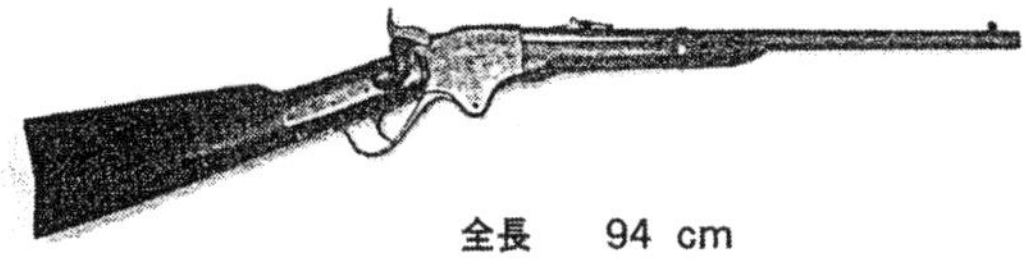

全長　94 cm

陸軍用（上）と小型騎兵用（下）のスペンサー銃

れるのである。スペンサー銃は元込めなので、腹這《はらば》いで撃ち、腹這いで弾丸を込められるのである。しかも、七連発である。龍馬の驚いた表情が目に見えるようである。

物陰に身をひそめて、安全に防御しながら先込銃の敵の一〇倍から二〇倍の弾丸の数を発射できるのである。

龍馬は欲しいと考えた。長崎でスペンサー銃を持っている商人のところを歩き回っているようである。

値段は三十一両から三十三両と書いている。一両を現在の八万円と仮定して計算してみる。三十一両は二四八万円であり、三十三両は二六四万円である。

現在の値段としても高額な銃である。しかし、旧式銃を一〇挺、二〇挺を買うよりも、この銃の方が優れた銃だったのである。

二

長崎にいる坂本龍馬から少し離れて、俯瞰《ふかん》してみよう。

嘉永六（一八五三）年六月、アメリカ合衆国ペリー艦隊来航によって鎖国日本は開国を迫られたが、翌七（一八五四）年、横浜で日米和親条約（神奈川条約）が締結されて開国した。その時、アメリカ大統領は第一四代・フランクリン・ピアースだった。

七年後一八六一（文久元）年、第一六代大統領エイブラハム・リンカーンの時、南北戦争が始まり一八六五（慶応元）年まで、丸四年間にわたってアメリカ合衆国は国内が戦乱の中にあった。戦死者は南軍、北軍合計六〇万人を超えている。

坂本龍馬を中心に考えれば、龍馬脱藩の前年からアメリカの南北戦争は始まり、薩長同盟成立の前年に終わったことになる。

龍馬活躍の時期、太平洋の向う側では南北戦争がつづいていたのである。

当時のアメリカの歩兵戦術は無施条銃（銃身の中が滑腔状態）の使用を前提としていた。この武器は弾丸の飛距離と正確さが狭い範囲に限られており、対戦相手との距離が一〇〇ヤード

（91メートル）を超えると相互に大きな損害を与えることができない。
（『南北戦争記』ブルース・キャットン著）

アメリカ合衆国は南北戦争を機に銃を飛躍的に進歩させたのである。先ず南北戦争にマスケット銃が登場した。これは施条銃だった。施条銃とは弾丸に回転を与え、直進性が増すように、銃身の内部に螺旋状の溝が刻り込まれた銃である。しかし、弾丸は依然として銃口装填《そうてん》（先込め）だった。

そうした状況の中に、施条銃でしかも後装填式（元込め）で連発（七連発）できる画期的な銃が発明された。スペンサー銃である。クリストファー・M・スペンサーが発明したこの銃は一八六〇（万延元）年三月六日、アメリカ合衆国の特許（No 24393）を取得した。この年、咸臨丸は木村摂津守喜毅、勝麟太郎、福沢諭吉を乗せてアメリカ合衆国・サンフランシスコへ渡航している。

一八六三（文久三）年に実施されたスペンサー銃のトライアル（射撃競技会）でリンカーン大統領が正式採用したことにより、スペンサー銃は「ミスター・リンカーンのライフル」と呼ばれるようになり、それは現代までつづいているという。

スペンサー銃は大量に生産されたが、北軍、南軍がスペンサー・ライフル社から購入したため、両軍にスペンサー銃による戦死者がでるのである。

南北戦争が終わると使用された銃は余剰となり、戦後の復興資金を獲得するため外国へ輸出された。ヨーロッパ、アジアへと流出した一部が日本へ輸入され、戊辰戦争に使用されたことになる。

安政五（一八五八）年六月十九日、日米修好通商条約が結ばれ神奈川、長崎、新潟、兵庫の港が開かれた。（神奈川開港六ケ月後、下田港は閉鎖するという条件が加えられている。）日米和親条約（神奈川条約）で開港した下田と箱館（函館）の二港のうち、箱館が残ったので、箱館、神奈川、新潟、兵庫、長崎が新しい日本の貿易港として、鉄砲、大砲の輸入港となった。

アメリカに続いてイギリス、フランス、オランダ、ロシアも同様の条件で修好通商条約を締結したので、これらを合わせて「安政五ケ国条約」と呼ばれている。

坂本龍馬は長崎に組織した土佐海援隊の事業として長崎港から正式に小銃を輸入している。だが、いつの時代にも法規を破る者がいる。五港以外から輸入された銃砲も多いという。時代は幕末動乱期であり、どこの藩でも銃器を必要とし、輸入業者が法外な値段を提示するのを承知で購入した藩もあるという。

こうした密輸銃器の品種、数量は記録が残らず、幕末期輸入銃の総数、器種を研究する上での障害となっている。

「砲銃弾薬引渡調帳」にある砲および銃一覧表

砲種	数量
一寸六分口径砲	12
鉄製百目玉乃至三百目玉砲	30
三百目野戦砲	3
十二斤ボート砲	1
長・短忽微砲	38
フレッケール砲	2
メリケンボード砲	8
四斤砲	10
一寸八分九厘口径砲	7
銅製百目玉砲	6
百五十目野戦砲	6
三斤ボード砲	4
鯨砲	2
大・小臼砲	18
アルムストロング砲	2
フランスボード砲	9
経加農砲	2
三斤加農砲	1
合計　161門	

この表の備考として「砲弾　26,908発
銃弾用鉛　13,300貫100匁
火薬　10,180貫500匁」と記録されている。

銃種	数量
英中型銃	10,107
ゲーベル銃	1,063
ウィストル銃	50
英長銃	95
５匁ヒス銃	468
蘭ミネー銃	570
サツマ型銃	67
13連銃	32
６連銃	2
５匁玉銃	444
20目玉矢間銃	81
３匁５分銃	60
和製中型	79
取交銃	159
スタール銃	29
スヒツ銃	158
アルメネール銃	19
メリケン銃	37
横蓋本込銃	80
燧直銃	191
７連銃	89
16連銃	8
シヤフール銃	5
10匁玉銃	312
30目玉矢間銃	27
和短銃	40
円切縮（改良銃）	126
廃銃其他	2,203
合計　16,601挺	

明治期になって各県（各藩）から明治政府に銃器、火薬などが総て提出された。土佐藩で作成した「砲銃弾薬引渡調帳」が幸い残っており高知市民図書館所蔵となっていたので、実物を見ることができた。

この「砲銃弾薬引渡調帳」に七連銃が八十九挺、記入されている。戊辰戦争後、土佐藩が明治四（一八七一）年に政府に提出した武器の中にスペンサー七連銃があったと思われる。

陸軍省が大正二（一九一三）年に刊行した『兵器沿革史』の第一輯「小銃・火砲」の中に次の記述がある。

〈小銃「スペンセル」銃

戦役ノ経歴

戊辰ノ役始メ「スペンセル」銃ヲ実戦ニ供用ス而シテ之ヲ使用シタル藩兵ハ還納兵器ノ関係書類ニ依ルニ山口、佐賀、土佐、米澤其ノ他二三ナルモノノ如ク就中山口藩兵ノ使用部隊長ハ桂太郎トノ記アリ。戦乱平定後ニ於ケル同器ニ関スル如末書ニ依テ此ノ事明ナリ即チ前項ニ記スカ如ク金子文輔神奈川裁判所ニ於テ「スペンセル」銃百挺ヲ請取リ羽州へ出張シ平定後其儘同隊へ下附セラレタリトナリ。〉

スペンサー銃は戊辰戦争で使用され、山口（長州）、佐賀（肥前）、土佐藩、米澤、その他二、三藩が明治政府へ提出した書類で確認できる。中でも長州藩は桂太郎が部隊長をつとめる部隊が、神奈川裁判所（旧神奈川奉行所）でスペンサー銃一〇〇挺を受けとり、奥州へ向っている。このスペンサー銃は横浜から輸入されたものであろう。

スペンサー銃は優秀な性能で七連銃だったので長州藩でも一〇〇挺まとめるのが限界だったのだろう。

三

坂本龍馬が創設した海援隊のビジネスの記録が残っている。京都国立博物館に所蔵されている「海援隊商事秘記」である。

龍馬がライフル銃を長崎で購入して、土佐藩などに売却した記録である。

この記録を詳細に読んでいくと、ライフル銃販売ビジネスの全容が理解できる。そしてこのあと五節で検討する「宮地團四郎日記」を細かく読むことによって、龍馬との関連も分ってくる。

〈史料1〉 海援隊商事秘記

慶応三年九月中旬

（「龍馬乃遺墨海援隊日史秘記」京都国立博物館所蔵）

（慶応三年九月中旬、藤安喜右衛門より金五千両借入の件）

一、卯九月中旬長崎商人八幡屋兵右衛門を以て薩州藤安喜右衛門へ大坂為替金五千両を相談す。即ち才谷梅太郎借主ニして、佐々木三四郎奥印す。其始末左ニ記す。

一、金四千両

右ハハツトマン江ライフル代価之内払入

一、金一千両

内五百両　田辺藩松本検吾《ママ》ニ相渡す。証書別ニ有レ之候。

又金弐百両　長崎ニ於て隊長才谷梅太郎ニ相渡す。

又金百五拾両　長ニ於て口入料として菅谷《ママ》、吉田より八幡や兵右衛門へ遺す云々。

又金百五拾両　菅谷《ママ》、陸奥両人上坂之入用持参、細記者別ニ有レ之。但シ此内より末永井商人謝義等相遺置、且積舟入用も相籠居り候。

（注）海援隊商事秘記をこれから読んでいくが、中に書かれている金額を一両が現在の八万円と仮定し、（　）内に併記することにする。

この〈史料1〉は龍馬が薩州の藤安喜右衛門から五千両（四億円）を借入れた金の使い方である。

慶応三（一八六七）年九月中旬に長崎の商人八幡屋兵右衛門を仲介者として、薩州の藤安喜右衛門から五千両（四億円）を大坂為替で借入れた。借主は才谷梅太郎個人で、保証人は土佐藩の佐々木三四郎（高行）である。

この時、龍馬は土佐藩海援隊の隊長となっている。

借入れた五千両（四億円）の中から、長崎のオランダ商人・ハットマンヘライフル銃の代金の手付金として四千両（三億二千万円）を支払っている。

残った一千両（八千万円）は次のように使っている。

五百両（四千万円）は田辺藩の松本検吾に貸して証書を受けとっている。この田辺藩は物産を長崎で販売して商売をしようとしているので、品物を購入するのに使用され、その品物を長崎で販売する時、海援隊がそれを行うという契約である。

二百両（一千六百万円）は龍馬が受けとり海援隊の資金とする。

百五十両（一千二百万円）は長崎で口入料として八幡屋兵右衛門に支払う。

百五十両（一千二百万円）は陸奥源二郎（宗光）が龍馬に先行して大坂へ行くので持参して

通訳の末永猷太郎や商人への謝礼、積舟用の代金も含まれている。

〈**史料2**〉

（慶応三年九月十四日、蘭商ハットマンより小銃買入の件）

丁卯九月十四日蘭商ハットマンと条約。ライフル一千三百挺買入之事を談ず。尤も四千両入置、余分ハ当日後九十日ニ払渡す筈。同月十五日左之条約書及び金子四千両持参、陸奥陽之助及び請人鋏屋与一郎、広世屋丈吉其外商人三四人通事末永猷太郎同道にて出島ハットマン商会ニ至り、昨日約束之通りライフルを請取るコト談じ、直ニ引替たり。其節ハットマン商会より、ライフル目録書付并品位請合書を出せり。末永氏翻訳書も相添へり。

此間種種ニ混じたる事あり

ハットマンニ出せる証文左ニ記す

証文之事

一、ライフル　千三百丁

但シ九十日延払《のべばらい》之事

代価壱万八千八百七拾五両

内　金四千両入

又　金三百六拾両（九十日分歩引）

差引残り

金壱万四千四《ママ》百九十両　一四五一五両

右ハ今般入用ニ付、其許より買請候処実正也。九十日限り皆納可レ申候。以上。

——三年　松平土佐守内

九月十四日　才谷梅太郎　印

ハットマン商社

前書之通り相違無二御座一候。若万一延引及び候節ハ我等より相弁可レ申候。為レ其請印仕候、以上。

広瀬や丈吉　印

鋏屋与一郎　印

〈史料2〉は慶応三年九月十四日にオランダ商人ハットマンから小銃を買入れる時の契約の条件を記録している。

ライフル銃一三〇〇挺を買い入れた。四千両（三億二千万円）を手付けとして支払い、残金を九十日に支払う。

九月十五日、契約書と四千両の現金を出島のハットマン商会へ持参した。陸奥陽之助、鋏屋与一郎、広瀬屋丈吉、その他商人三四人、通訳末永猷太郎が同行した。

ライフル銃の目録書と品質請合（保証）書をハットマン商会から発行。末永氏の翻訳書が添付されていた。

ハットマンの証文

ライフル　　一三〇〇丁

但シ　九十日延払

代金　　一八八七五両

（一五億一千万円）

内金　　四千両　　入金済

（三億二千万円）

歩引　三百六十両　（九十日分）

（二千八百八十万円）

証文の内容はライフル銃一三〇〇丁の代金が一八八七五両で九十日の延払い。三カ月後に支払う。しかし内金として四〇〇〇両支払うので、四〇〇〇両の歩を三六〇両引くので残金は一万四千四百九十両と証文に書いてある。

一八八七五両から四〇〇〇両と三六〇両を引くと一四五一五両である。（残金）ハットマンは計算を間違えている。龍馬は二五両、得した計算になる。

九十日後、全額支払いますとして、
龍馬は才谷梅太郎の変名で押印している。

そして契約のとおり支払えない場合は、広瀬屋丈吉、鋏屋与一郎が弁済するとの保証がついている。


〈史料3〉

（慶応三年九月下旬、鋏屋広瀬屋に小銃百挺預入の件）

一、才谷梅太郎取入候ライフル千三百丁之内百挺丈け、長崎商人鋏屋与一郎、広瀬屋丈吉両人ニ相預り置候始末。

覚

一、先日才谷梅太郎買主を以て蘭人ハットマン商社より取入候、一千三百丁ライフル銃之内、百挺丈け其許御両人ニ御任せ申候間、惣金払入之期限迄ニ可レ然御取捌被レ下度候。
為レ念証書仍而如件。

年号　　　　　　　　　　　　　　　　　　　　　　陸奥源二郎　印

月日　　　　　　　　　　　　　　　　　　　　　　菅野覚永　無印

但シ此節不居合故ニ印形無レ之候。

鋏や与一郎殿

広瀬や丈吉殿

右之通り相渡し又鋏屋広瀬屋両人より預り一札を取る。

〈史料3〉慶応三年九月下旬に鋏屋、広瀬屋に小銃を一〇〇挺預けた件

一、才谷梅太郎は買入れた一三〇〇挺のライフル銃の中から一〇〇挺を、長崎商人、鋏屋与一郎と広瀬屋丈吉に預けた理由。

覚

一、先日才谷梅太郎がオランダ商人ハットマン商社から買入れた一三〇〇挺のライフル銃の中から一〇〇挺だけ、二人にまかせます。全額を支払う期限までに売却して下さい。念のために証書を作る。

年号　　　　　　　　　　　　　　　　　　　　　　陸奥源二郎　印

月日
菅野覚永　無印

鋏屋与一郎殿
広瀬屋丈吉殿

これはこの二人に長崎で売払い現金化しておいてくれ、売値は二人にまかせるので、という意味である。龍馬が二人にも利益が入るようにという気配をしているということである。やはり龍馬が普通の志士と違った商人的な発想の持主であることを証明している文書である。

龍馬はハットマンから買入れた一三〇〇挺のうち長崎の商人、鋏屋と広瀬屋に一〇〇挺を預け、大坂へ先行する陸奥源二郎と菅野に二〇〇挺を持たせている。大坂で売り払い現金化しておくようにという指示をしている。残る一〇〇〇挺は土佐藩に売り払うつもりでいる。

ここに龍馬の商人としての感覚と策士としての感性がみられる。

薩摩藩、長州藩に比較して軍備が整っていない土佐藩に最新のライフル銃・スペンサー銃を配備しようと考えているのである。

慶応三年九月二五日
〈山内家史料〉

〈廿五日　是ヨリ坂本龍馬直柔等、銃器ヲ長崎ヨリ携ヘテ国ニ還リ是夜密ニ仕置役渡邊彌久馬（齋藤利行）大目付本山只一郎茂任等ト会シテ納入ノ事ヲ謀リ尋《つ》イテ又上京ス〉

龍馬は芸州藩船・震天丸に一〇〇〇挺のライフルを積み浦戸湾種崎に上陸した。土佐藩御船手方中城家には「随聞隋録」という記録が伝えられている。

〈坂本ハ小銃ヲ芸州藩ノ船ニ積込、佐々木（高行）ニ面会ノ為土佐へ来レリ。（中略）母ハ潟ノ加減等ヲナセリ。坂本氏ヨリ鏡ヲモラヒシト云フ。坂本ハ入浴後裏ノ部屋ニ休憩、襖ノ張付ケヲ見居リタリ。母、火鉢ヲモチ行シニ「誠ニ不図《はからざる》、御世話ニナリマス」と云ヘリ〉

龍馬は土産に持ってきたフランス製の裏面に「パリ」と文字が入った丸形の手鏡を中城家の母に渡した。龍馬が見ていた襖《ふすま》は現存しており、鏡は昭和の初期頃には高知にいくつか遺っていた。ガラスの手鏡は日本の鏡より鮮明に映すので、女性に人気があった。それを知っていた龍馬は大量に土産品として持参したようである。心にくい気配りである。

九月廿七日

〈御直筆日記〉

〈この度、薩長芸三藩申合せ討幕の軍団上京の段、一昨廿五日坂本龍馬より告げ来る。依て右用向之ある付、今日散田屋敷ニ奉行、近習、家老、近外の両役所一同出勤、我等も出る。〉

土佐藩の上層部が散田屋敷に集合し、薩長芸の最新情報が伝えられたのである。

龍馬が運んだ一〇〇〇挺のライフル銃は購入と決まり、現金で支払ったか、為替だったかは不明である。

九十日後、決済であるので龍馬は安堵したと思うが、土佐藩が最新のライフル銃で軍備を整えたことにより、薩長と対等の交渉ができると思う安堵の方が強かったと思われる。

龍馬は薩摩、長州をおさえて、新政府の中に徳川慶喜を入れようと画策しているのである。

四

慶応三（一八六七）年九月二十七日、龍馬の情報により散田屋敷に重臣が集った。

翌日、一〇〇〇挺のライフル銃が高知城に搬入された。木箱に入れられた銃は、堀詰まで小舟で運ばれ、そのあと、荷車で高知城に入った。その道筋は見物する人々で黒山だったと伝えられている。

九月二十九日、龍馬は本丁筋の坂本家に脱藩以来、五年ぶりに戻って二泊している。この間に渡邊彌久馬らの周旋で二度目の脱藩罪を土佐藩庁から許されている。

一度目の脱藩は勝海舟が山内容堂に伊豆の下田・宝福寺で会い許されている。

二度目の脱藩は文久三（一八六三）年十二月、江戸駐在土佐藩庁より召喚《しようかん》命令があるのにも応ぜず、勝海舟が土佐藩徒目付に龍馬の修業年限延期を求めたが、藩吏は拒絶。帰還命令に従わなかった龍馬は再度脱藩の身となっていた。

十月一日　龍馬たちは震天丸で浦戸港を出航したが悪天候のため船の機関が故障し須崎港に入港。乗替えとして浦戸港から胡蝶丸が須崎港に入港。

十月八日　胡蝶丸が兵庫に入港。
　九日　龍馬たちは京都に入る。
　十日　龍馬は京都白川村の土佐藩陸援隊の隊長中岡慎太郎を訪ねる。
十三日　将軍徳川慶喜、二条城で大政奉還を在京四十藩に伝える。
十四日　幕府、朝廷に大政奉還を上表。
十五日　将軍が朝廷に参内し大政奉還勅許の沙汰書を受ける。
十六日　龍馬が新官制議定書を擬定する。

〈新官制擬定書〉

関白　一人。
　公卿中尤徳望智識兼修ノ者ヲ以テ、之ニ充ツ。
　上一人（天皇）ヲ輔弼シ万機ヲ関白シ大政ヲ総裁ス。
　（暗ニ公（徳川慶喜）ヲ以テ之ニ擬ス）
議奏　若干人。
　親王公卿諸侯ノ尤モ徳望智識アル者ヲ以テ、之ニ充ツ。

万機ヲ献替シ、大政ヲ議定敷奏シ、兼テ諸官ノ長ヲ分掌ス。
（暗ニ島津、毛利、山内、伊達宗城、鍋島、春嶽諸侯及岩倉、東久世、嵯峨、中山ノ諸卿ヲ以テ之ニ擬ス）

参議　若干人。

公卿、諸侯、大夫、士庶人ヲ以テ、之ニ充ツ。大政ニ参与シ兼テ諸官ノ次官ヲ分掌ス。
〈暗ニ、小松、西郷、大久保、木戸、後藤、三岡八郎、横井平四郎、長岡良之助等ヲ以テ之ニ擬ス）〉

龍馬は京都河原町三条の醤油商近江屋で、戸田雅楽、中島作太郎、岡内俊太郎らと、大政奉還後の新国家体制を画策してこれを作った。

これを見ると徳川慶喜を関白にして、議奏に島津、毛利、山内、伊達、鍋島と、宇和島、鍋島の肥前、春嶽、越前を入れ、岩倉、東久世、嵯峨、中山、と公卿を加えて、公武合体体制を考えている。

参議には小松帯刀、西郷吉之助、大久保利通、木戸孝允、後藤象二郎、三岡八郎、横井平四郎（小楠）長岡良之助（細川護美）。

薩長土から選ばれて当然の人と、龍馬が特に推挙する三岡八郎と横井小楠を加えている。

十月二十四日　龍馬、岡本健三郎を伴って京都から福井へ向う。
十月二十八日　龍馬、福井へ到着。
（福井滞在中の詳細は第六章でふれる）
十一月三日　龍馬、福井を出発。
五日　龍馬、京都へ到着。
十一月十五日　龍馬、暗殺される。
十二月九日　王政復古
慶応四（一八六八）年
一月三日　鳥羽、伏見で開戦。
戊辰戦争始まる。

龍馬が土佐から京都へ戻った十月九日から四日後に大政奉還であった。

大政奉還から三十二日後に龍馬が暗殺された。

龍馬暗殺から二十四日後に王政復古である。

王政復古から二十四日後に鳥羽・伏見で開戦である。幕末動乱は激しくその舞台を展開していく。しかし、舞台回し役の龍馬を必要としなかった勢力によって抹殺された。

そして、薩州・長州と会津・幕軍の戦闘が開始された。

龍馬が土佐藩へ運んだライフル銃一〇〇〇挺は薩摩、長州の武力を抑止する力とはならなかった。

五

坂本龍馬が土佐藩へ運んだライフル銃一〇〇〇挺は戊辰戦争で使われていた。

土佐藩は板垣退助を総督として陸軍を編成し、薩摩、長州、土佐として西軍の一翼を担った。

ここで、今まで歴史の舞台に登場してこなかった土佐藩郷士・宮地團四郎を紹介する。この人の特筆すべき能力は、奇代の記録魔だった。慶応三（一八六七）年十一月二十一日から明治元（一八六八）年十一月一日まで日記をつけていた。

土佐国香美郡植村（高知県香美市土佐山田町）の自邸を出て、兵庫、大坂、京都から、中山道を歩き江戸へ向う。勝沼で近藤勇と闘い甲州街道を新宿へと進む。そして、市ケ谷の尾州藩邸に駐屯し、その後会津若松まで行軍していく。そして、若松城開城のあと故郷の土佐へ戻るまでの一年間の記録を一日も欠かさず書いていた。

この日記の中に〝スペンサー七連銃〟を團四郎が使ったことが記録されていた。

そして、坂本龍馬殺害の噂が大坂まで流れており、それも記述していた。

この日記を高知県立図書館の中で見つけ、平成二十六年四月、『宮地團四郎日記』として右文書院から上梓した。

この團四郎のご子孫も必ずいらっしゃると思い「あとがき」にご子孫を知る方は右文書院にご連絡をという一文をつけ加えていた。

しばらくして、ご子孫がわかり、玄孫の方にお会いすることができた。第一章の濵田栄馬のご一族もそうだったが、幕末からまだ一五〇年である。追跡は可能なのである。

團四郎は日記の中で大坂で写真を撮《と》ったと記述しているので、ご子孫に写真はありますかと尋ねると、軍服姿で小銃を右手に持った團四郎が目の前に現れた。

團四郎は御隠居様（山内容堂）の護衛隊・前哨隊の一員に選ばれて、軍艦「夕顔」に乗り、浦戸から兵庫へ行き、そのあと、陸路を大坂へ向う。

後発の御隠居様を待つために、大坂の宿屋に分宿する。十二日間大坂で待機している間に坂本龍馬殺害の噂を團四郎は聞いたのである。

〈慶応三（一八六七）年十一月二十六日

夕飯をして午後八時より新町通りへ御影踊《おかげおど》りを見物に行き午後九時頃に帰った。もっとも、今日の風説によれば京都において坂本龍馬が浪人体の者に殺害されたとのこと。また大坂難波という所へ長持が降ったとのこと。〉

龍馬が殺害されて十一日後、京都から大坂まで噂が流れていたのである。

團四郎は噂で龍馬が浪人のような風体《ふうてい》の者に殺害されたと記述している。中岡慎太郎のことは噂にはなっていない。

中岡は二日間生きていたので噂にはなっていない。殺人事件の発生日の情報であり、それが噂となって大坂まで広がったようである。

大坂の町は御影踊りで毎夜、大勢の人がエエジャナイカ、エエジャナイカと踊り狂っていた中で、龍馬殺害の噂を聞いた團四郎は何か不穏なものを感じたのではないだろうか。

そのあと、戊辰戦争が始まると御影踊りはぴたっと止まってしまう。薩摩藩士がお札《ふだ》を撒《ま》いたという噂も、あるいはと思わせる御影踊りの終息である。

このあと、團四郎は御隠居様（山内容堂）の護衛をして京都へ行き、王政復古の政変に巻き込まれた。

山内容堂は徳川慶喜を新政府の中に入れるよう、小御所会議で熱弁をふるったが、岩倉具視、西郷吉之助の策略に敗北した。

このあと、政局は倒幕運動へと傾斜していき、土佐藩の中でも薩長派と徳川擁護派に分裂する。徳川擁護派は倒幕に反対し、京都から土佐へ帰っていった。

鳥羽、伏見の戦いが始まっても、容堂の命令で「薩長と会津の私戦に加わるべからず」と土佐藩は動かなかった。

薩摩は土佐藩が動こうとしないのを不信に思い山内容堂の動きを注視していた。

もし龍馬が生きていれば、最新のライフル銃一〇〇〇挺で装備した土佐軍を背景に、坂本龍馬と西郷吉之助の駆け引きで開戦は止められたかもしれない。江戸城無血開城の時の勝海舟と西郷吉之助の交渉のように。

しかし、歴史にもしもはない。

山内容堂は最後まで逡巡していた。

〈戦場において常に完全に状況が把握できるほど情報が揃うことは歴史的に見れば極めて

稀であった。

なぜなら地形や自軍、敵軍の状況、行動を完全かつリアルタイムに指揮官が把握することは技術的な観点から不可能であったからである。

特に敵情については非常に流動的であるため、常に更新の必要性と情報の不完全性がつきまとい、指揮官が充分な根拠と確信を以て意思決定することを妨げてきた。

クラウゼヴィッツはこれを「戦場の霧」と呼んだ。〉（『戦争論』第二部第二章）

カール・フォン・クラウゼヴィッツの『戦争論』を持ち出すことはないが山内容堂は「戦場の霧の中」におり意思決定することができなかった。

しかし、戦争の最前線は流動し、偶然が偶然を呼び、土佐軍は薩長軍の中に巻き込まれていった。

一月九日、團四郎たち前哨隊は「錦旗」の御守衛を命じられて、大坂淀へ向かって下って行った。

一月二十八日、京都に戻った團四郎は智積院の宿舎から京都守護屋に移っている。

二月八日、團四郎は迅衛隊第四番隊へ編入となった。

土佐本国で編成された土佐軍は左図のような陣容であった。

〈土佐軍の編成〉

本営　総督　板垣（乾）退助
　左半大隊司令　祖父江可成
　右半大隊司令　片岡健吉
　軍監　高屋左兵衛
　大軍監・仕置役　谷守部（干城）
病院（医師団）
砲銃局
輜重局
　迅衛隊　第一〜第一五番隊
　砲隊（大砲）
　胡蝶隊　断金隊　六明組
　中衛隊　後衛隊
　鋭衛隊　折衝隊
　済武隊　機勢隊

前哨隊で團四郎が使っていた小銃は迅衛隊に編入されても器種はそのままであった。

十二月四日の日記に、

〈今日、午前十時、隊長より左の通り連絡があった。

覚

今日、英国製の中型銃を渡すが、先日、長銃を持って行った者は早速、御屋敷に取り替えに来ること。

十二月四日

〉

團四郎も英国製中型銃を渡されそれを担いで江戸へ向うことになる。

六月十九日の日記に、

〈今日、金勝寺山へ見張り当番だが、まだ歩けないので引き籠もっていた。今日、桑原倉之進へ七連銃を買うことを頼む。板垣総督が大満足とのこと。〉

土佐軍の兵士は病気になり、病院（医師団）の診断書をもらうと休むことができた。

この日、團四郎は見張り番の日だったが、病気で休んでいた。そして砲銃局で販売しているスペンサー銃を買うことを決めて、友人の桑原倉之進に注文することを頼んだ。

その話を聞いた板垣退助総督が大満足の様子だったと團四郎に伝えられたのである。

これは土佐軍の小銃についての内情が分からないと理解できない。

龍馬が溝淵広之丞にあてた手紙にあったスペンサー騎兵銃は高価な名銃だったので数を揃えることが不可能であった。全員に配った銃は英国製の中型銃で、スペンサー銃は希望者に販売することにして砲銃局が管理していたのである。

砲銃局で売っていたスペンサー七連銃はいくらだったのだろうか。

團四郎は日記に値段を書いていた。

六月二十二日の日記に、

〈今日、午前十時、土佐の国より五月十八日付の書状が到着した。広次よりも来る。留守宅でも変わりなく無事とのこと悦ぶ。しかるに七連銃代金が不足につき金十両を借用する。十両一分が有り金。三十八両が筒代（七連銃代金）宮崎小三郎へ頼む。残、十三両遣い銭残り。今日、七連銃を買い求めて心中は元気になる。戦功は目前に見える。もっとも弾丸は銃一丁につき百発ついているとのこと、嬉しいこと限りなし。〉

スペンサー銃を團四郎は三十八両で買っていた。龍馬は三十一両から三十三両が相場と書いていた銃である。

一両を八万円で計算すると、現在の値段で三百四万円となる。自動車一台という感じである。この小銃の買物にはもう一つ背景がある。

土佐軍は月給制だった。日記には〈月金〉と書いてあるが、現金支給で團四郎は二月一日、京都で最初の月給をもらっている。

三両一分は、現在の二十六万円である。そしてスライド式で次第に昇給し、会津若松では京都の倍額になっている。

月給を貯めておけばスペンサー銃は買えないこともないのである。しかし、一般兵士はなかなか買えなかった。そこで團四郎が買うと決心したのを聞いた板垣退助総督が「よく決心した」と大満足だったのである。

龍馬が一〇〇〇挺のライフル銃を土佐藩へ運んだ中にスペンサー七連銃が何挺含まれたかは不明である。長州は横浜で一〇〇挺のスペンサー銃を入手したと『兵器沿革史』に書かれていることはこの第五章一九三頁で述べている。

龍馬が長崎で入手したスペンサー銃は最大一〇〇挺ぐらいと推測される。

迅衛隊は各小隊（第一番〜第十五番）約五十人前後である。第十三番から第十五番までは補充兵で戊辰戦争の後半から参加している。常に六〇〇〜七〇〇人の兵士で編成されていたので、スペンサー銃で迅衛隊全兵士を装備することは出来なかったのである。

一般の兵士は英中型銃であり、勿論無償である。そして、希望者は有償でスペンサー銃が手に入ったのである。

團四郎はスペンサー銃が手に入った時、「戦功が目前に見えるようだ」と書いている。

第六章　龍馬と三岡八郎の新政府財政構想

今井義和氏所蔵・東京龍馬会管理

一

文久三（一八六三）年八月二十八日、福井藩は三岡八郎（後の由利公正）に蟄居を命じ、家督は弟の友蔵に相続させた。

その理由は御用人格として政務に参画しながら「我意《わがい》に募《つの》り専《もつぱ》ら自己の取計《とりはからい》により、人心を害し、御政道に触れた」というが、全く事実に反している。

福井藩でも当時、革新の気運が広がり、保守、改革の両派を形成した。

藩の重役、鈴木主税、中根靱負らは人材の登庸に勉めて、橋本左内を政務に参与させ、長谷部甚平を重用し、横井小楠を熊本藩から呼び顧問とし、三岡八郎も抜擢された。

横井小楠の門下生となった三岡八郎は、強く小楠の影響を受け明確な近代国家像を持つことになる。

従来の名門でも、その器が凡庸であれば用いられず、身分低き者もその才能に応じて栄職についた。それ故に、無能の門閥は諸般の改革を悦ばなかった。

そこに横井小楠ら改革派が主導した「挙藩上洛計画」が失敗に終わったことで改革派、横井小楠、松平主馬、長谷部甚平、村田氏寿らが一掃された。

中でも三岡八郎が文久三年八月二十九日から慶応三年十二月まで、四年四ケ月という長期にわたり幽閉されたのは別に理由があった。

三岡八郎の性格はその剛直の性《さが》、言はんと思えば侃侃諤々《かんかんがくがく》、権威、貴人にも遠慮なく、実施と思えば、勇往邁進。それ故に藩政改革の責任は一身が負担したような形になった。最も保守派の嫉視する的となったからである。

坂本龍馬は慶応三（一八六七）年十月二十四日、岡本健三郎と京都から福井に向った。十月二十八日、龍馬、岡本は福井に到着した。

『由利公正伝』に龍馬と三岡八郎の会談は次のように記録されている。

〈藩庁の御目付が言ってよこしたのは

「今回、坂本龍馬が〝国家の件〟で三岡八郎に面会したいと願い出ている、どうするのか。」

「私（三岡）はいつでも面会いたしますが、お咎《とがめ》の身ですので他国の人に会うには立合人を付けてもらいたい」

と返事をいたしました。

また折り返し
「面会の都合はいかに取りはからうか」

と御目付から連絡してきました。

そして、

「明朝五つ（午前八時）坂本が宿泊している宿へ出頭するようにいたせ」

と御目付から指示がありました。

翌朝午前八時に山町の煙草屋《たばこや》（宿屋の屋号）へ行きましたら、御用人月番の松平源太郎と御目付月番の出淵伝之丞の二人がやってきました。

煙草屋へ入って「龍馬」と呼んだら、

「やあー話すことが山ほどある」

と言う。その顔を見ると、すぐ天下の事成就（大政奉還が成功）と分った。

自分（三岡）は罪人であるから立合人を連れてきたと言うと、

「俺も同様、付人がある健三来《けんざこ》よ」

と呼ぶ。

「これは土佐の目付の下役、岡本健三郎という人だ。共に聞いておれ」

とのことで、土佐と越前の役人を左右に置いて、坂本と私二人は火燵《こたつ》に入って、徳川政権

返上の様子、朝廷の事情などを詳しく聞いた。〉

具体的にその場の情景が浮ぶように「由利公正伝・実話」として記述されている。

〈「今後の計画は如何《いかが》じゃ」とたずねると、

「それはまだ決まっていないが、まず、戦《いく》さはしないつもりぢゃ」と坂本がいう。

「我方《わがほう》から戦さをせぬでも、彼らより求められたら逃げるか」

「イヤ、それは出来ぬ」

「しからば、不測事態に備えなければならぬ」

「金もなく、人もなく、至極難儀だ」

と坂本。

「天皇が国家のために政治《まつりごと》をなさる、国家の民《たみ》は皆、天皇の民である。国家安寧《あんねい》のため、財を使う。財は安寧の道具だ、何で財なく、人なきを憂えるのだ」

坂本は

「お前がそんな事を云うと思って来たのだ。全部云え」と云う。〉

三岡八郎は夜十二時まで、幽閉の間に貯《たくわ》えた意見を、われを忘れて話したとある。午前八時から午後十二時まで、十六時間、三岡は話したことになる。

これが三岡八郎の〝国家構想案〟であり、龍馬との話し合いで、次第に具体的な形を整えていったのではないだろうか。

〈当時、自分は幽閉人なれば飛び立つ如く思ふても出京はならず、全く坂本に依頼した事だ。

坂本は明朝出立するといって写真を出してくれた。やがて宿を出ると、伝之丞は我が背を打ちて「不届者《ふとどきもの》、目付役を立ち合せて、謀反《むほん》の策を談ずるとは」と云って更に「真《まこと》に敬服安心した」と言う。私も今日の次第は委《くわ》しく其筋へ言上を頼んだ。

十三日夕、家老岡部豊後の別荘に招かれ、坂本の写真を懐中して行って、会見の始末を話し、夜半に川を渡って帰る時、懐中物を落し、直ちに川を捜したけれど不得、物前の遺失大いに気掛りと成り、京都の便りを待ったが、十五日に、坂本の凶変が知れ、下山、海福、中田の三人を招き、ひそかに祭り（供養）をした。誠に千秋の遺憾である。〉

龍馬が写真を三岡に贈り、それを十三日夕に川へ流してしまったという不吉な予感を語っている。

二

坂本龍馬が福井から帰京したのは十一月五日である。

三岡八郎を新政府に参加させるという龍馬の約束は、近年NHKの番組によって偶然発見された龍馬が後藤象二郎にあてた手紙の草稿「越行《えつ》《いき》の記《き》」の中で実行されていたことが確認できる。

〈「越行の記」

十月二十八日、福井に到着。奏者役の伴圭三郎が来た。容堂公からの手紙を渡した。

私の役名を問うので、土佐藩海援隊総官と答えた。

同夜、大目付村田巳三郎が来る。

用事は何かと問うので

近時云々（大政奉還の件を述べて）

それについて、春嶽公のご意見を承りたいと述べた。

村田は春嶽公は来月二日に出京するので、ご多忙であり、今回はお目にかかれないので、お尋の件は、私より春嶽公に申し上げておきますとのことだった。

十月二十九日、奏者役の伴圭三郎が来て、春嶽公の御答書を受け取った。

三十日朝、三岡八郎、松平源太郎来る。

三岡八郎に面会したいと昨夕村田巳三郎に頼んでおいたが、先年押し込められて後は、他国人に面会かたく差し止められた。しかし、政府の論義なので、中老役松平源太郎が付き添えで来た。

三岡八郎が来た時、松平源太郎を見て、「私は悪党なので番人が参りました」と云えば松平源太郎も共に笑う。

それより、京都の情勢を残らず話した。

〈かつて、春嶽侯が総裁職だった頃、三岡八郎自ら幕府勘定局の帳面を調べた時、幕府の金の内情は、唯銀座局ばかりなりとて気の毒がっていた。惣じて、金銀物産などの事を理解できるのは、この三岡八郎をおいて他に誰もいないであろう。〉

十一月五日、京都に帰る。

福岡参政に越前春嶽侯の御答書を渡す。
右、大略を申し上げます　謹言
直柔
後藤先生
〉

この手紙を書いた十日後に龍馬は殺害されている。

『由利公正伝』の「実話」と、坂本龍馬の「越行の記」の記述内容は一致しており、二人の対談の様子が確認できる。

龍馬の新政府構想の中で、会計の実務は三岡八郎をおいて、他になしとの思いは後藤象二郎に伝えられていた。

これが龍馬最後の仕事となっている。本章では十六時間に及んだ新政府構想が、どのように三岡を中心に実現していったかを見ていくことにする。

慶応三（一八六七）年十二月十八日

三岡八郎は御所へ騎馬参内《さんだい》して、玄関側に控えていると大津の探偵が、
「昨十七日、夕七つ（午後四時）前、三岡八郎京に入る」と報告するのを聞いて、慄然《りつぜん》として

肌に粟を生じ、恰《あたか》も戦場にいるような思いになったという。

同日、参与に任ぜられた。しかし、八郎は藩籍にある士にして、更に朝廷の参与となる。諸士はその身分進退に惑うだろうから、もっと身分をはっきりさせるべきと、意見をいう。それは忽《たちま》ちに「徴士参与《ちようしさんよ》」と改称されることになる。

十二月二十三日、御用金穀取扱《ごようきんこくとりあつかい》を仰付けられた。

御所内の学習院が仮の金穀出納所となり、そこで事務をすることになる。この役職は現在の財務大臣にあたる重職だった。

十二月二十四日
岩倉具視に会う。
〈朝廷は今、大いに倹約して、歳出を減せ、ただし、急ぎの用は、これを調達しろ。〉
と岩倉が云うのに対し、
〈謹んで命を聞きます。しかし、政《まつりごと》は寛裕を貴《とうと》びます。もし朝廷が倹約を行えば、天下の民、皆餓えるでしょう。政府の金庫を節約しても大海の一滴で、天下の窮乏を救うことはできません。
今や幕府は大政を奉還し、朝廷の権威はまさに上ろうとする千載一遇の機会です。

上に非常の君主あり、下に非常の臣あり、ここで非常の政《まつりごと》をして、非常の制度を定めれば上下一致して、非常の財源を得るでしょう。今、全国の人口を三千万人とし、一人金一両を課すれば、三千万両を得るでしょう。故に金札三千万両を民間に貸与し、これを用いて物産を興し、通商を盛んにすれば上下の流通を円滑にするでしょう。

こまごまとした金策でせわしくするようなことは断じていけません。〉

先日、坂本龍馬に語ったところの経済策を述べたところ、岩倉は熟慮しようと答えた。八郎はさらに、

〈この際、小策を使うようなことがあれば、至仁《しじん》の王政《おうせい》を傷つけることになる。願うは大計を定めて、命令されることを願う〉

と言い退出した。

至仁の王政は非常に恵み深い王政という意味である。

十二月二十六日

この日、烏丸卿に会う。卿は云った。

〈歳末の諸費、金二拾万両よろしく調達して下さい。〉

八郎は答えて、

〈謹んで命令をうけます。今や幕政を還《もど》せども、封土（領地）はまだ収められておりません。今日、歳費が乏しいのは誠にやむを得ません。しかし、このような少額は言うに及ばず、しばらくすれば全国より一切の費用を納入するようになります。ご安心下さい。〉

その八郎の言葉に烏丸卿は悦び安心をした。

十二月二十九日

夕方、春嶽公が大坂より京都へ戻って来た。中根雪江が公に随って行ったが、八郎に「大坂城の兵の数は八千だ」と告げた。これは武力示して戦意を表わしていると八郎は感じて、今後の動向が気になった。

十二月三十日

大久保一蔵（利通）が八郎に告げた。二十四日、江戸で薩摩屋敷が焼き打ちされたという。

慶応四（一八六八）年一月三日

三岡八郎、九条邸にいる時、突然、砲声を伏見方面に聞いた。直ちに参内し、天皇の動座を止めて、金穀役所に戻り、金穀の準備を命じ、御用達商を招致したが一名も来なかった。八郎はすばやく自ら米商の家に行き米穀を徴集した。

一月四日

豪商、小野善右衛門の主管（支配人）西村助六は大政奉還の際、豪商が諸藩に貸した金が全て棄損となり小野家の資産も大方半分となる不幸にあいながらも、独り西村は王政復古を祝賀する意を表わして金千両を献納していた。

この西村を三岡八郎は金穀出納所に召致したところ、見込どおり、勤王愛国の志が厚く小野家の有金は残らず朝廷の御用に立てることを承諾した。それから、三井家、島田家を説き、この三家から直ちに金一万両を調達した。

一月六日

八郎は後藤象二郎と共に、騎馬で山崎へ行き、見物をした。ここは薩摩の伊地知が守っているところへ、徳川の使者が来て入洛するから通せと言うのを、伊地知がどうあっても通させんと言う。使者が返って行くと、直ぐその後を狙って大砲を打った、それで戦争が始まった。

しばらく全体の様子をながめていると、藤堂の陣がまだ動かずにいるから、これを説得して朝廷の味方をさせようとしたが、中々聞かない、それでその談判中に、かの大砲を回転して、徳川の中に向けて発射したので、徳川勢は驚いて藤堂が裏切った。他にも如何なる変節者が出るかもしれないと周章狼狽した。薩長の兵はこの機に乗じて、益々、奮闘したので、徳川方の軍は敗れた。

一月七日夜、太政官会議が開かれ、親征の名を明らかにして、かつ会計の基礎を定めるため、三岡八郎、大久保一蔵、広沢兵助、後藤象二郎、福岡藤次、岩下佐次右衛門らが、岩倉具視を議長として、協議をした。

広沢は軍事費、二〇万両を調達せよ、と云う。三岡八郎は、このような少額では一日ともたない。少くとも三〇〇万両を準備しなければ駄目であると答えた。

三〇〇万両といふ金額については八郎が特に予算を立てたものではない。ただ、初めに少く言ふときは後になって、困ることになるので先ずその声を大にして、一同に軍事費を集めようと決心させるためだった。

広沢兵助が言う。非常の時は非常の事を行わなければならない。やむを得ない時は粗悪の貨幣を鋳造するのも、また一時の方策だ。

三岡八郎が否定して言う。

偽造、変造に等しい粗悪の貨幣を鋳造することは〈王政復古、文武一途〉の大業をしようとする政府の行うことではない。今、信用を天下に喪うことになり、人心は離反して、大事は失敗に終る。

私に一策がある。今、天下の民、三〇〇〇万人である。一人一両を朝廷に納めさせて、維新の盛業を翼賛《よくさん》（政治を力ぞえして助ける）させる方法として、三〇〇〇万両の金札を発行してこれを民間に貸付けて、一定の年限で返納させる制度を作り、労力殖産を以て富を開発させれば、政府人民共に万金の利益を獲得するであろう。とかつて岩倉公に建言した財政策を再演した。

これを聞いて会議は沸騰して深夜になっても決まらず、宿題となった。しかし、三〇〇〇万両の会計基立金を調達することになり終った。

一月十五日、当時、二条城は徳川氏の所有で尾州藩が管理していた。征討総督宮の出発にあたり、城内の米を納めるよう命令したが応じなかった。

三岡八郎は尾州藩が二条城を管理するのは徳川氏の委託であるから、城全体を納めるよう命令を出した。大久保一蔵、木戸孝允と協議して二条城を納め、太政官代をここに移すことにした。

二月十九日、征東総督有栖川親王諸藩の兵士を率いて江戸に向う。

三

慶応四（一八六八）年二月三日、天皇親征の議決をして、先ず大坂へ行幸《ぎょうこう》されることとなり、その費用として京都及び大坂において各五万両づつ調達をした。

京都は

三井八郎右衛門
三井三郎助
三井次郎右衛門
三井元之助
嶋田八郎左衛門
小野善助、この六人により三万両
下村正太郎外六人より二万両

合計、五万両が集まった。

大坂では十五人から五万両が集められたが「金穀出納所御用留」（三井文庫蔵）に詳しく商人

金穀出納所御用留（三井文庫蔵）

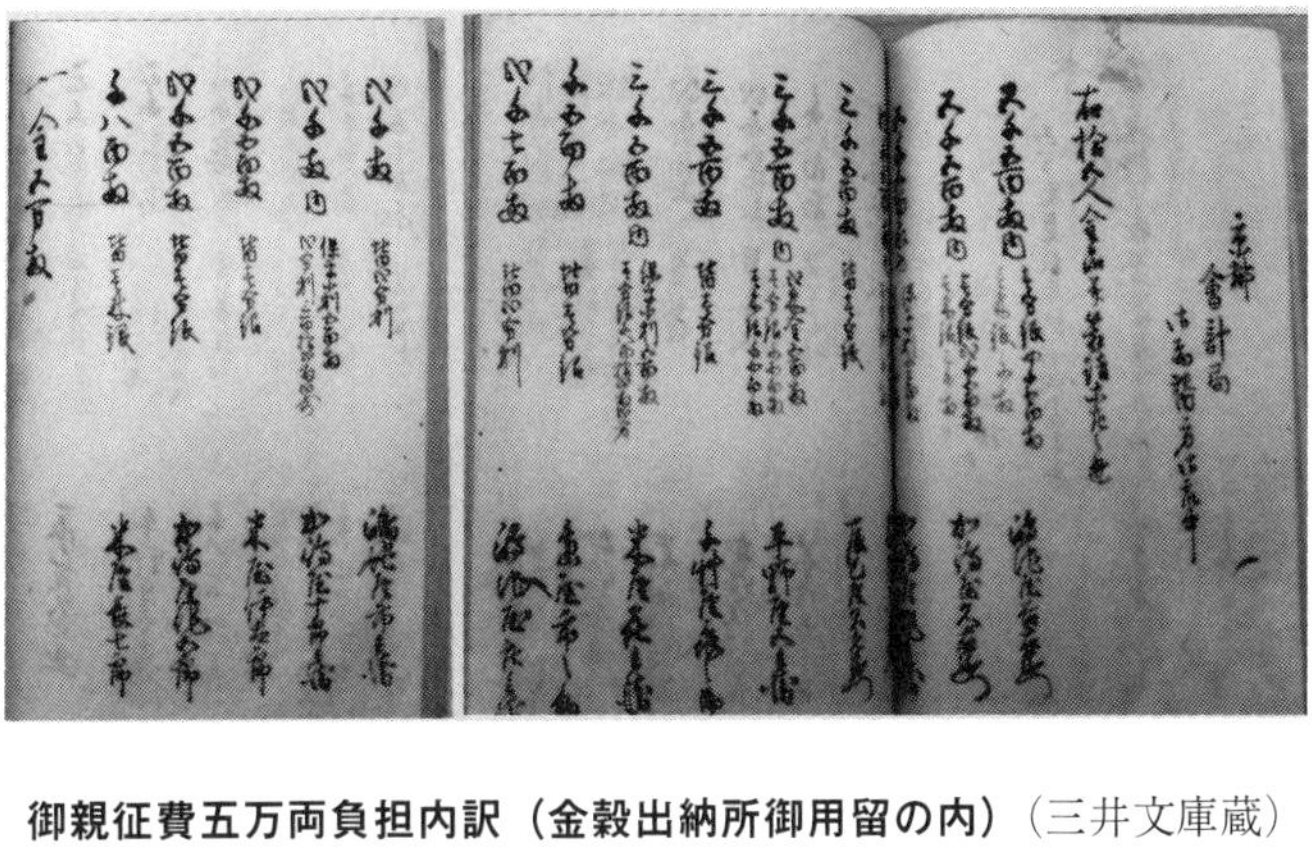

御親征費五万両負担内訳（金穀出納所御用留の内）（三井文庫蔵）

の名前、金額、金種が記録されているので掲載する。

京都

会計局

御為替方御衆中

右五人金品并箱詰等左之通

五千五百両　内一分銀四千五百両　一朱銀千両　（鴻池）鴻池屋善右衛門

五千五百両　内一分銀二千五百両　一朱銀三千両　（広岡）加嶋屋久右衛門

五千五百両　内保字小判千三百両　一分銀三千両　（長田）加嶋屋作兵衛

四千五百両　内二分判三千五百両　一分銀千両　（殿村）米屋平右衛門

三千五百両　皆一分銀　（和田）辰巳屋久左衛門
三千五百両　内　二朱金五百両　一分銀千五百両　一朱銀千五百両　（高木）平野屋五兵衛
三千五百両　皆一分銀　（平瀬）千艸屋亀之助
三千五百両　内　保字小判五百両　一分銀千八百拾二両二分　（石崎）米屋喜兵衛
千五百両　皆一分銀　（浅田）島屋市之助
二千七百両　皆二分判　（中原）鴻池屋庄兵衛
二千両　皆二分判　（井上）鴻池屋市兵衛
二千両　内　保字小判五百両　二分判三百拾二両二歩　（樋口）加嶋屋十郎兵衛

二千五百両　皆一分銀　米屋《（殿村）》伊太郎

二千五百両　皆一分銀　加嶋屋《（長田）》作五郎

千八百両　皆一朱銀　米屋《（今堀）》長七郎

〆　金五万両

京都で五万両、大坂で五万両、計十万両の御親征用途費が集まっている。

大坂では三月二日より追々に納められた分として、金額と住所、氏名が記録されている。

同月二日より追々納り候分、

一金三百両　農人橋弐丁目　山本屋伊右衛門

一金五百両　唐物町　布施屋吉郎兵衛

一金七百両　今橋弐丁目　鴻池屋篤兵衛

一金三百両　和泉町　鴻池屋新十郎
高三百両之内
一金百両　今橋弐丁目　平野屋孫兵衛
一金三百両　天満龍田町　京屋與兵衛
一金三百両　南堀江四丁目　播磨屋右兵衛

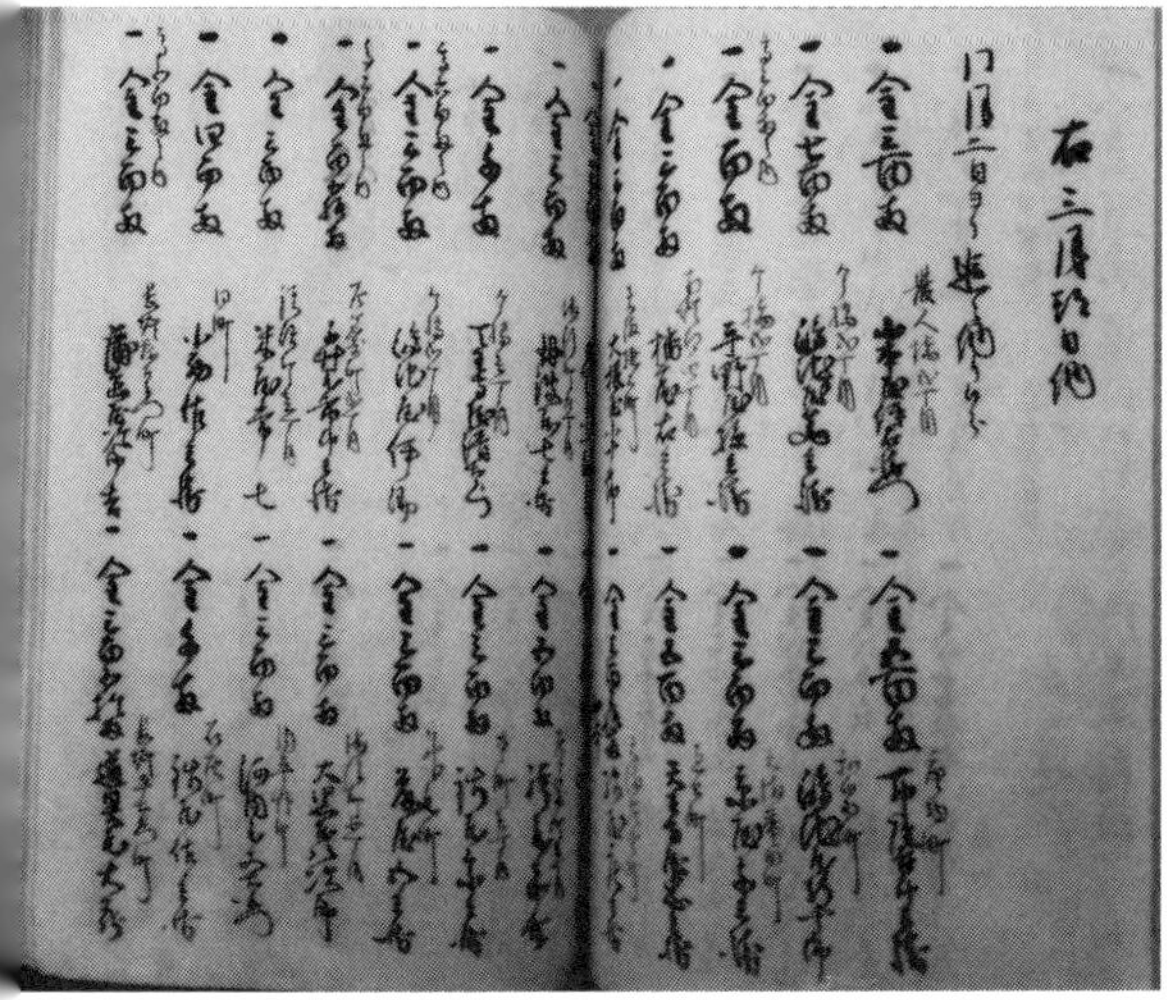

金穀出納所御用留の内（三井文庫蔵）

一金五百両　過書町　天王寺屋忠兵衛
一金三百両　天満樋上町　大根屋小十郎
一金三百三拾七両弐歩　天満老松町　綿屋庄兵衛
一金三百両　淡路町壱丁目　日野屋小十郎
一金三百両　和泉町　鴻池屋彦三郎
一金三百両　備後町四丁目　丹波屋七兵衛
一金五百両　尼ケ崎町壱丁目　袴屋嘉介
一金千両　今橋壱丁目　天王寺屋清右衛門
一金三百両　本町壱丁目　銭屋宗兵衛
高六百両之内
一金三百両　今橋弐丁目　鴻池屋伊助
一金三百両　升屋町　藤屋五兵衛
高三百両之内
一金百五拾両　尼ケ崎町弐丁目　千艸屋市郎兵衛
一金三百両　備後町五丁目　大黒屋八次郎
一金三百両　淡路町壱丁目　米屋常七
一金三百両　内平野町　河内屋又右衛門
一金四百両　淡路町　小西佐兵衛

一金千両　石灰町　錢屋佐兵衛

（高五百両之内）一金三百両　長堀茂左衛門町　蒲島屋次郎吉

一金三百五拾両　長堀平右衛門町　道具屋大藏

一金三百両　高麗橋三丁目　播磨屋長一郎

一金千五百両　安土町二丁目　錢屋清次郎

一金千両　尼ケ崎町壱丁目　鴻池屋伊兵衛

一金三百両　丹波屋町　梅屋忠兵衛

一金千両　京橋四丁目　米屋三十郎

一金四百両　瓦町壱丁目　米屋分兵衛

（高三百両之内）一金百両　天満池田町　山田屋善左衛門

堂島表弐丁目　神崎屋源之助

一金千両　尼ケ崎町壱丁目　鴻池屋十太郎

一金千両　安土町壱丁目　錢屋忠三郎

一金三百両　備後町五丁目　塚口木三郎

一金三百両　立売堀四丁目　近江屋休兵衛

一金三百両　大豆葉町　堺屋次郎兵衛

一金五百両　瓦町弐丁目　米屋太兵衛

高四百両之内
一金弐百両　江戸堀三丁目　平野屋四郎五郎

一金三百両　南久太郎町弐丁目　帯屋嘉兵衛

一金五百両　薩摩堀中筋町　西村屋愛助

一金三百両　堂嶋弥左衛門町　大和屋甚兵衛

一金六千九百七拾両　天満白屋町　天王寺屋平右衛門外六拾人

一金五百両　平野町弐丁目　茨木屋安右衛門

一金六百両　堂嶋新地三丁目　豊嶋屋安五郎

高五百両之内
一金弐百両　長堀留田町　熊野屋三郎兵衛

高三百両之内
一金弐百両　平野町弐丁目　油屋吉次郎

一金三百両　内淡路町弐丁目　米屋茂七

高四百両之内
一金弐百両　肥後島町　山家屋権兵衛

一金七百弐拾両　立売堀西ノ町　和泉屋市之助外六人

一金五百両　長堀茂左衛門町　住友吉左衛門

一金千七百弐拾両　天満又次郎町　桝屋清之助外十五人

一金三百五拾両　今橋壱丁目　天王寺屋五兵衛

一金五百五拾両　孫左衛門町　紀伊國屋武助外六人
一金七百両　御用掛名代取次
一金九百九拾両　備後町弐丁目　西村屋利助外十人
一金八百三拾両　天満滝川町　綿屋半兵衛外十人
一金三百両　本靱町　滋賀屋忠右衛門
一金弐《マヽ》百両　堂嶋新地壱丁目　笹屋勘兵衛
一金三百五拾両　尼ケ崎町壱丁目　加嶋屋作次郎
一金三百両　塩町四丁目　菱屋吉兵衛
一金千七百八拾両　本町三丁目　大庭屋宇右衛門外弐拾六人
一金四百両　西信町　布屋甚九郎
一金三百両　南本町弐丁目　紀伊國屋甚三郎
高四百両之内
一金弐百両　玉水町　嶋屋し[illegible]《ま》
一金四千六百七拾両　古川壱丁目　河内屋休兵衛七十弐人
高七百両之内両
一金四百五拾両　今橋弐丁目　鴻池屋善五郎
一金三百両　平野町壱丁目　炭屋彦五郎
一金三百両　北浜弐丁目　高池屋三郎兵衛

（高三百両之内）一金弐百両　橘通七丁目　布屋長兵衛

一金三百両　呉服町　小西平兵衛

一金三百両　天満源蔵町　櫻井屋庄三郎

一金四百両　鈴木町　澤田忠次郎

（高四百両之内）一金弐百両　平野町壱丁目　日野屋作五郎

一金八千両　塩町三丁目　小橋屋嘉兵衛外百弐拾六人納

一金六百両　梶木町　桝屋平右衛門

一金千八百拾五両　薩摩堀中筋町　西村屋勝次外弐拾五人

一金七百八拾五両　安治川南三丁目　近江屋傳兵衛外九人

一金八百五両　安堂寺町三丁目　鹽屋八右衛門外十人

一金三百三拾両　桑名町　播磨屋勝五郎外四人

一金四百五拾両　釣鐘町　嶋屋利右衛門外四人

一金三百両　南久太郎町壱丁目　錫屋正太郎

一金弐千七百三拾五両　本町壱丁目　八荷屋彌介外三拾八人

一金壱万千四百両　摂州伊丹在御用掛り　小西新右衛門外十九人

一金四百四拾両　北堀江五丁目　名田屋清介外六人

一金六百五拾両　南本町弐丁目　播磨屋嘉兵衛外六人
一金百八《マヽ》拾両　海部堀川町　布屋和介外三人
一金八百弐拾両　浜町　明石屋久兵衛外拾壱人
一金百《マヽ》五拾両　海部堀川町　佃屋五兵衛外壱人
一金弐《マヽ》百三拾両　南勘四郎町　綿屋喜兵衛外三人納
一金四百両　長堀宇和島町　米津屋庄三郎外四人
一金百《マヽ》六拾両　湊橋町　紀伊國屋孫右衛門外二人
一金七《マヽ》拾両　南堀江四丁目　柏屋忠七
一金千四百五拾両　摂州伊丹　樽屋吉左衛門外六人
一金九千三拾両　摂州今津村　小豆嶋松三郎外弐拾人
一金弐千百三拾両　摂州石屋村　木村屋喜兵衛外七人
一金千両　西之宮在中
一金百《マヽ》両　長堀平右衛門町　熊野屋伊三郎外壱人
高七百両皆納
一金弐百五拾両　今橋弐丁目　鴻池善五郎
高四百両之内皆納
一金弐百両　玉水町　嶋屋しゐ《ま》
一金八百七拾両　常安町　鹽飽屋清右衛門外拾壱人

高六百両之内皆納 一金三百両　泉町　鴻池屋新十郎
高四百両之内 一金百両　肥後島町　山家屋權兵衛
一金七百四拾五両　長堀留田屋町　福嶋屋三郎兵衛外拾弐人
高四百両之内皆納 一金弐百両　平野屋四郎五郎
高弐千両之内 一金五百両　安土町壱丁目　錢屋忠三郎
高三百両之内皆納 一金弐百両　今橋弐丁目　平野屋孫兵衛
一金七百九拾五両　天満十丁目　吉田屋庄右衛門外拾壱人
一金千両　境　喰満屋藤兵衛
一金三百五拾五両　湊橋町　丹波屋久兵衛外七人納
一金五百五拾両　天満拾丁目　伊賀屋新兵衛外拾人納
一金八百六拾両　摂州佃村　邦之助外六人
一金三百両　天満今井町　綿屋文兵衛外五人
一金五百五両　塩町四丁目　和泉屋太郎兵衛外八人
高四百両之内皆納 一金弐百両　堂嶋新地壱丁目　笹屋勘左衛門
一金六百弐拾両　京橋六丁目　布屋六郎兵衛外九人
高四百両之内皆納 一金弐百両　平野町壱丁目　內野屋作五郎

一金六百弐拾五両　下博労町　京屋利兵衛外拾壱人
一金五百五両　天満伊勢町　灘屋藤七外拾人
一金三百両　伏見町　百足屋又右衛門
一金三百八拾五両　新恵町　和泉屋兵助外九人
一金四千五百七拾五両　伊丹　赤根屋和助外三十九人
一金四百六拾両　西高津町　加賀屋甚作外八人
一金三百四拾両　錦町弐丁目　米屋十兵衛外六人
一金三千四拾両　大川町　鴻池屋與吉外五拾五人

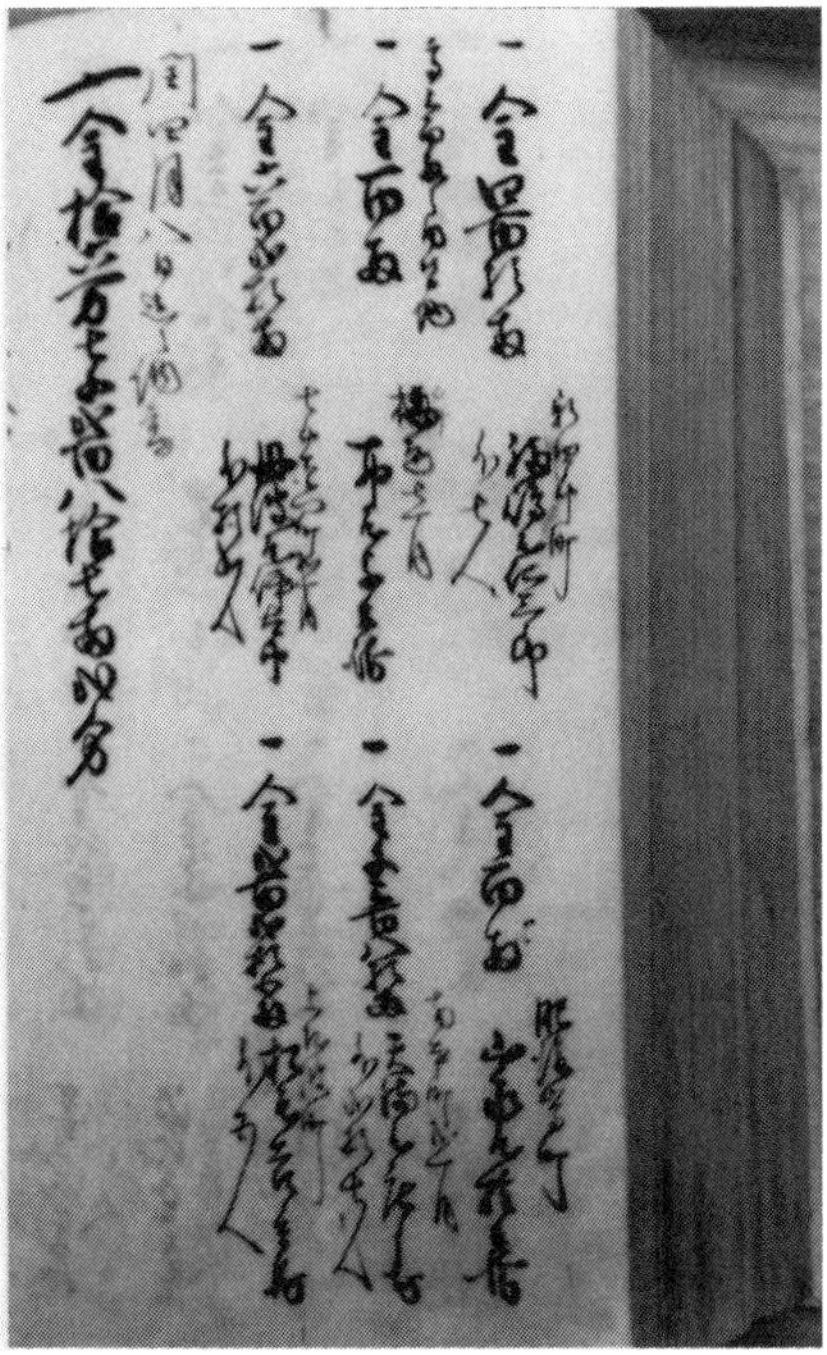

金穀出納所御用留の内
（三井文庫蔵）

高五百両之内皆納
一金三百両　長堀留田屋町　熊野屋三郎兵衛
一金三百七拾両　海部町　志方屋利助外七人
一金弐千両　伊丹蒲田村　太郎兵衛外弐拾壱人
一金八百両　釣鐘町　丹波屋萬作同居娘たね外十四人
一金四百拾両　新四郎町　福島屋仁三郎外七人
一金百両　肥後島町　山家屋權兵衛
高三百両之内皆納
一金百両　橘通七丁目　布屋與（長カ）兵衛
一金千三百八拾両　南本町弐丁目　天満屋庄兵衛外弐拾七人
一金六百弐拾両　七郎右衛門町弐丁目　丹波屋伊太郎外拾弐人
一金弐百弐拾五両　上難波町　松屋吉兵衛外五人

閏四月八日迄之納高
〆金拾六万七千弐百八十七両弐分

三月二日から閏四月八日までわずか二カ月で一六万七千二百八十七両二分が納められた。納付者の名義を見ていくと、決して豪商とはいえない商人ばかりである。「外《ほか》〇人」と人数だけを記述した者が七九八名いる。記名された人数が九七名である。総数八九五名となる。

大坂近辺の人々八九五名が新政府会計局へ納付して、総額が一六万七千二百八十七両二分となったのである。

何故、このように新政府の御用金が多くの庶民からも集ったのだろうか。

実はこの御用金は徳川時代の御用金と違い利子をつけて払い戻すという条件がついていたのである。京都二条城にある太政官会計局に納付された会計基金には月一歩の利子が付くことになっていた。

新政府は庶民から借金をして、天皇行幸を行い、戊辰戦争を戦うのである。

これは三岡八郎という財政家の知恵であり、龍馬と相談した新政府構想のひとつである。

才谷屋という高知の豪商を本家に持つ郷士坂本龍馬は三岡八郎の提案に両手を打って、賛成したと思われる。

龍馬、三岡八郎によって、新政府の会計は回り始めたのである。

この御用金政策が新政府の確立に重大な意義をもつことは明白である。またそれと同時に、大坂の多くの町人たちの財力が新政府の基を築いたことは忘れてはならないのである。

四

慶応四（一八六八）年二月二十九日、二条城に、親王、議定、参与が集まり、三岡八郎が提案した〝金札〟（太政官紙幣）について会議が開かれた。

三岡八郎が〝金札〟発行の趣旨を説明した。

〈我国は元来、金銀の産出が乏しい故に、大事をすることが難しい。まして、鎖国の禁令は外国との貿易を無しとした。維新の大業は尋常の手段では無理である。

この革新の機会を利用して、一万石に一万両の割合を以て金札三千万両を発行して、諸藩に貸付て、各藩主が勤王を力ぞえして、よく融通の道を開いて、国民三千万人の精神と労力を一致させて、産業を振興し、貿易を発展させ、一段と財源を豊かにしなければ、〝仁政〟の目的を達することはできない。〉

〈金札を借用する者は、国家に対する義務として、これを十カ年間に償却し、なお三カ年間は利子として引続き政府に上納すべきものとする。又、政府は新しく造幣局を起工し、洋式の円貨にならい一定の標準ある円貨幣を鋳造して、旧来の多種の貨幣を統一し、終りに三千万両の

金札を償還したあと、全国を金貨流通の国にするのが目的なり〉

と説明した。閉会の後、親王、議定らが相談して金札発行の事を認可し三岡八郎を専任にすることになった。

各藩の石高に応じ十三年賦で拝借させて、その返納の金札は毎年切断して煮潰す方法をとり、各藩がこれを拝借すればよいのである。簡単に言えば各藩にまず札を貸してやる、それを正金に引直る様にその間、札を融通して物産を興すことを怠るなというのが、こっちの趣意だと三岡八郎は〝実話〟で語っている。

三岡八郎は福井藩で藩札を作った経験から、予定のとおり各部署を定めて金札発行の準備を開始し、〝楮皮《こうぞ》〟が不足とならないようにと、三月二日、京都を出発し福井へ向った。三次助右衛門、山田又左と三岡は相談し、今立郡五箇村の紙漉師《かみすきし》に金札用紙調製の件を福井藩を通じて命令し、なお諸事の準備を整えて、三月二十一日、五十嵐初次郎、吉田文蔵を伴って京都へ戻った。

金札製造は元銀座跡（油小路と御池通との間）に於て、多数の職工を従業させ、監督をおいて始めたが、後で場所が狭いので、二条城に屋舎を増築して移転させて生産した。

五十嵐初次郎、吉田文蔵は福井藩札場で経験豊富な職工であった。
また、三田村筑前、加藤河内、清水筑後、三田村豊後、小林丹後の五名が福井藩の命により、今立郡五箇村から京都へ追加派遣されて、金札用紙調製を行っている。

閏四月十三日、金札発行の事を布告し、五月二十五日より実施されることになる。

〈皇政更始之折柄富国之基礎被建度衆議ヲ尽シ金札御製造被仰出世上一同之困窮を救助被遊度思召ニ付当年ヨリ来ル辰年迄十三ケ年之間
皇国一円通用可有之候
　御仕法左之通リ相心得可申事
右之通被出候間末々迄不洩様其何々ヨリ早々可相触候事
　辰　閏四月〉

　金札発行の摘要
〈趣意〉
天皇による政治の始まりに当り、富国の基礎を作るため、「至仁」を以て、国家の融通を助けて、万民の困窮を救い、各自のその業を怠らないようにするためである。

〈目的〉

国内が騒乱の際はしかたがなく一時基金を借上げて戦局にあてるというが、前にある趣意に基き、広くこれを民間に貸下げて、その資本を充実にして、殖産貿易を振興し、富国の源となるよう自然に広がることを目的とする。

〈通用区域〉

皇国一円
〈発行高〉

全国の人口三千万人としてその石高三千万と見積り、一人一石につき一両あての予算として総額を三千万両とする。

(後に千八百万両追加して、総額、四千八百万両を発行した。)

〈金札の種類〉

十両、一両、一分、一朱。

〈発行方法〉

政府及び国民総て借用するものとする。

〈通用期限〉

慶応四年五月二十五日より十三年間。

〈借用〉

趣意を心得て出願しない者には無理に貸下げることはない。故に列藩といえどその役場で浪費に使用することは禁止とする。

〈抵当〉

借用するに当って政府はその収納に属する総ての穀高を、列藩は一万石につき一万両の割で、その領地をあて、又基金の応募者はその納証を以て同額の金高を、京摂及び近郷の商売はその産物取扱高に応じ、又諸国の府、県始め諸侯地内の農商はその身元厚薄を以ていずれも動産を抵当として肝煎の保証を必要とする。

〈貨幣対比〉

慶応四年閏四月に布告した貨幣低下触書による。

〈返納〉

借用者は必ず金札をもって返納すべきこと。

〈性質〉

借用人の融通を助けるために貸下げたものなので政府はこれを〈正貨〉に引換える義務はないものとする。

〈消却法〉

返納の金札は返納者の面前においてこれを切断して、煮潰《につぶ》すものとする。

〈納金〉

関税、租税の金納の分、および諸上納金は全てこれを運転使用中に属するものとして、金札で支払うことを妨げない。したがって、収納した太政官においても、これを借用金の外として、ただちに使用できるとする。

〈相場〉

相場を立てるを禁止し、金札と正貨の交換に打歩を取ったものは禁錮の刑に処す。

(割引きで現金化することを禁止)

〈利子〉

政府及び列藩は総額の一割を年割返納し十年にして元金を返済し、なお三カ年間利子として引続き納付するものとする。基金応募者は拝借の金札に対して月六朱の利子を上納して商法会所よりは基金に対して月一分の利子を下渡す事とする。但個人に貸下げた利子歩合は詳ならず。

〈取扱〉

会計官中出納合《ママ》のほか商法会所を設け商法会所を置き政府に属する一切の金穀出納をつかさどり、これで政府ならびに国民ともにその入用とする資金の融通を受ける所として、あわせて従来の問屋仲間の旧慣を廃止して、新たに諸商売仲間組合に鑑札を下付して、その営業振りを取締らせ、為替の便を開いて通商貿易をして隆盛ならしめ、民業を振興させる機関とする。

要するに会計基金は豪商農より徴収して出納司に納入せしめ之に月一歩の利子（即ち一万両に対する百両）を下付とする事とし、その納証をただちに商法会所廻付し、同所より同金高の金札を人民に貸下げ、之には月六朱の利子（即ち一万両に対する六十両）を納める規定で、結局太政官は基金を人民より借り上げ更に人民に金札を貸下げてその利子の差額四朱の利潤を得る方法である。

三岡八郎のこうした金札発行について反対も多く、岩倉具視にあてた某氏の金札発行前日の手紙には、

「紙幣発行はしばらく延期すべし」

とあった。

岩倉公の顔に憂色あふれて

「金札の発行のこと、しばらくこれをおき、他に経費の出る途《みち》はないか」

三岡八郎は凛然として答えて

「ことここに至る他に良策なし、已む得ずんば今夜二条城に火を放ち、所蔵の金札を灰燼《かいじん》帰せ

しめんのみ」

岩倉公、翻然として感悟するところあり、更に命じて会議を開き、遂に翌日、実施となった。五月二十五日、金札は発行され、近畿地方はただちに通用し、勤皇諸藩もまたこれを借用して国費として使った。

五月二十五日、金札発行されるや、西郷吉之助の手へただちに金札を渡したら、西郷は命令を発して、

「金札発行は朝廷の命である若し金札払いに不足をいふものあらば斬って捨てるべし」

戦地にては他よりも先に金札は通用したという。

奥羽征討軍参謀長の大村益次郎が三岡八郎に向って眉をひそめて、

「今般発行した金札は如何にも体裁が簡略で一度発行したら、贋造《にせもの》が続出するのではないか。」

とつめよった。すると三岡八郎はにっこりと笑って、

「万一贋造金札が出来るといふ事になったらしめたものだが、今貧乏な国庫は到底贋造金札を出さしむるだけの信用があるまい」

と答えた。

この一言にさすがの大村も舌を巻いて三岡の度胸の太さは分らないと云ったという。

金札は近畿地区では通用したが、関東、東北では通用しなかったという。またこの金札問題が西南戦争まで続いていくことになる。

五

慶応三（一八六七）年十月に坂本龍馬が後藤象二郎にあてた手紙の中に

「此余、幕中の人情に行わざるもの一カ条これあり候。その儀は江戸の銀座を、京師にうつし候事なり。この一カ条さえ行われ候えば、かえりて将軍職は、其のままにても、名ありて実なければ恐るるに足らずと存じ奉り候。此処によくよく眼を御そそぎなされ、行われずと御見とめ成され候時は、議論中に於て何か証《あかし》とすべき事を御認めなされ、決して破談とはならざるうち、御国（土佐）より兵を召し、御自身は早々御引取り、老侯様（容堂）に御報じ然るべしと存じ奉り候。破談とならざる内に云々は、兵を用いる術にて御座候。」

と書いている。この手紙が重要なことを、大佛次郎は『天皇の世紀』の中で次のように指摘している。

「この時から数年後、一八七一年にパリの市民が組織したコミューンの政府が、百日近く籠城して戦費や財政資金のないのに苦しみながら、市内にあるフランス銀行に一度も手をつけず、後の論者から、人民政府はフランス銀行の前をただ敬礼して通ったと、敗北の原因となった無知と怠慢を酷評された。

それにくらべて、一介の脱藩者で郷士出身の坂本龍馬が大政奉還をまだ人が気がつかぬ面で見ていたわけである。表面的な政変だけで終らせず、貨幣鋳造の権利を幕府から奪い、江戸の銀座を京都へ移せば、よし将軍の名を残したところで、これで幕府の体制が無に帰する。これが大政奉還の肝心の条件と見ていたのであった。」

大佛次郎は『パリ燃ゆ』の中で詳述したパリコミューンが見落していたフランス銀行の件と、龍馬が「江戸の銀座を京都へ移せ」と書いた炯眼を対比させている。

龍馬は坂本家の本家、才谷屋の商売を内側から見ている。

武家といっても扶持米を現金化しなければ生活は出来ないのである。土佐藩の御侍たちが才谷屋へ来て、頭を下げて現金を受け取る姿を見ていた。

郷士を見下す上士も現金には頭が上がらない現実を子供の頃から見ているのである。家宝の名刀も質草として置いていく上士も多くいた。

士農工商といっても、現金を持つ商人が、世の中を動かしている現実を龍馬は骨の髄から知っているのである。

貨幣を造る権利、龍馬はこれに最も注目していた。福井の煙草屋旅館で十六時間にわたり三岡八郎と相談した時、龍馬はこの件を話していると思われる。

三岡は新政府の御用金穀取扱《ごようきんこくとりあつかい》となった時、龍馬と相談した造幣局の件にすぐ着手していた。

薩摩藩家老、小松帯刀が新政府の徴士参与で外国事務掛になったのは慶応四（一八六八）年一月二十八日であった。三岡八郎におくれること一カ月である。

二月一日、帯刀は島津久光の名代《みょうだい》（代理）として「天機御伺《てんきおうかがい》」に二条城太政官代に参上した。翌二日、総裁局顧問に任じられている。当時、有栖川《ありすがわ》宮熾仁《たるひと》親王総裁のもと、三条実美《さねとみ》、岩倉具視《ともみ》が副総裁であり、その下に顧問として木戸孝允《たかよし》が任命されており、それに次ぐ任命が帯刀だった。

二月三日、三職七科の官制が三職八局に改められて、外国事務局が設置された。

帯刀は即日、その命にしたがい大坂へ下り、翌日、四日から元西町奉行所（現・大阪市中央区内本町橋詰町）に置かれた内政、外政の役所である大坂裁判所に出勤した。

当面の仕事は、伊達宗城《だてむねなり》（宇和城藩主）、東久世通禧《ひがしくぜみちとみ》と共に、各国公使の天皇謁見の予備交渉などの対外案件の処理、二月三日に親征を宣言した天皇行幸《ぎょうこう》に備えての大坂行在所《あんざいしょ》の選定、一月二十三日に決定の会計基立金《もとだてきん》（御用金）として商人から借り入れる三百万両の調達などがあった。

この頃だったと思われる。三岡八郎から小松帯刀に龍馬の遺言となった「江戸の銀座を京都に移し候事」という貨幣鋳造所の関西への移転の話が伝えられている。

小松帯刀も坂本龍馬とは同い歳であり、幾多の難問を協力して解決してきた盟友である。帯刀も龍馬の意志を実現しようと決意して、すぐに行動を開始した。

薩摩藩士で英語、オランダ語に優れた外国事務御用掛の上野敬介（景範《かげのり》）を翌三月、香港へ派遣した。

これは香港にある造幣局が廃局となり、その造幣機械を売却するという情報を薩摩藩は握っていたのである。

もし、購入することが可能ならば、香港から機械を輸入し、造幣局の建物を建設することで西欧と同じ水準の貨幣を日本でも造ることができるのである。

この香港造幣局の機械が売り物として出ているという情報は、どのような経路で日本へ伝えられたかは、現在の研究では解明されていない。

ただ、可能性として、薩摩藩が慶応元（一八六五）年に竣工させた集成館機械工場や、慶応三年に完成した洋式紡績所を設計した、イギリス人土木技師、トーマス・ウォートルス（Thomas James Waters）などが、何らかの形で関与していたと思われる。

明治元（一八六八）年九月十三日、小松帯刀が五代友厚にあてた手紙の中で、新政府の造幣局建設の機械方、貨幣機方にウォートルスを推薦する旨、書き送っている。

上野敬介は三月に日本を出国し、六月五日に帰国している。

上野は横浜裁判所（元神奈川奉行所）御用掛助勤で二十四歳だった。

香港滞在三カ月で次のような内容の報告書を持って帰国した。

〈香港造幣局報告書の内容〉

一、グラバーの命により、英商ジャーディン・マセソンが器械を買入れ三〇〇トンは荷造完了。残り四〇〇～五〇〇トンは一カ月後に荷造完了予定。

二、器械は銀貨幣鋳造用で、金・銀貨はこの器械では鋳造困難。

三、器械のメーカーは英国ロンドンのジェームスワット社。六〇馬力、舎密道具〔分析用具〕諸薬品。器械修理用器械。替螺施など多数付属。

四、この器械で洋銀〔メキシコドル〕なら十二時間に三五〇〇〇枚、ただし日本一分銀相当の貨幣なら二〇万枚を製造可。

五、工場長以下一〇〇人の工員を必要とする。

六、もしロンドンで新器械を製造し、日本へ送れば納期一カ年。代価は運賃諸雑費とも一〇

創立当時の大阪造幣局全景（明治4年2月開業）

万円を要する。

上野は慶応四年六月五日、横浜港へ帰った。

小松帯刀は六月一日、大坂を発ち、三日、神戸港でアメリカ船の快速船コスタリカ号に乗り替え横浜へ向った。

『小松帯刀日記』には次のように記述されている。

〈四日晴、十一字（時）過出船、海上静か也
五日晴、海上静か也、六字横浜着。直に寺嶋氏へ参り十字、旅宿へ着也〉

神戸・横浜間、三十一時間という速さで上野の帰国に合わせて横浜に着いている。

小松帯刀は上野敬介の報告を一刻も早く聞きたかったのである。

〈直《ただち》に寺嶋〉へと書いているのは寺島宗則のことで薩摩出身の

参与・外国事務掛である。東久世通禧神奈川県裁判所総督の下で、寺島は神奈川県裁判所判事として、横浜で対外実務の中心を担っていた。

五日夜、上野敬介の報告を聞いたのは、小松帯刀、寺島宗則、中井弘、山口範蔵で、薩摩人脈の人々である。

そして翌六月六日、この四人が、後藤象二郎、五代才助、町田民部、西園寺公望、陸奥宗光にあてた、造幣局建設の建白書を書いている。

そして、慶応四年八月末、大坂天保山沖に香港から造幣器械を積んだ船が到着した。早速、荷上げが始まり、九月十九日、荷上げが完了した。九月八日、明治と改元されている。

三岡八郎と坂本龍馬の対談が福井で行われ「江戸の銀座を京都に移せ」という龍馬の声を三岡が聞いてから、わずか十カ月後に香港から造幣器械が大坂に到着したのである。

見事といえる迅速な事務処理能力である。

これには坂本龍馬、三岡八郎の情熱をしっかりと受けとめて動いた新政府の人脈の若さが在ったのである。

造幣局は旧幕府御破損奉行所の材木置場跡に建設されることになる。しかし、その建設中に火災を起し、工期は大幅に遅れている。

完成は明治四（一八七一）年二月二十五日に開局式典が行われた。

しかし、この時、三岡八郎は太政官におらず、福井に戻っている。

坂本龍馬の提案した造幣局を関西へという案、三岡の提案した新政府紙幣の発行の案、御用金に利子をつけるという案、これらは、両人の会談から始まっている。

急場しのぎの荒療治だが、この二人がいなければ新政府の第一歩は踏み出せなかったのである。

こうした財政政策は後世から批判をうけているが、近代日本の礎を基いたことは確実である。

毎年、春になり桜の季節となると、大阪造幣局の通り抜けという行事が報道される。桜が満開となった造幣局の中を多くの人々が歩いていく。

大阪造幣局は今も本局として、貨幣を造りつづけている。「江戸の銀座を京都に移せ」という龍馬の言葉が生きつづけていると思い出す光景である。


〈了〉

おわりに

『坂本龍馬全集』（光風社出版）を編述した宮地佐一郎氏は高知県出身の歴史小説家だった。作品が三度直木賞候補となったが、受賞することはなかった。

宮地氏が師事していた大佛次郎は『天皇の世紀』の高知県取材に宮地氏を同行。これが転機となり、宮地氏は『坂本龍馬全集』を編述することになる。

この全集が完成した時、宮地氏は東大阪市の司馬遼太郎氏を訪ねて一冊、贈呈している。その時、司馬氏はしばらく全集に目を通して、私の『竜馬がゆく』よりも、この全集の方が、永く世に伝えられるでしょうと語ったという。宮地佐一郎氏に師事した筆者はこの話を直接うかがっている。

大佛次郎の『天皇の世紀』にかけた情熱が宮地氏に伝えられ、『坂本龍馬全集』が誕生するのである。

大佛次郎の高知県取材は高知市から中村市（現在・四万十市）へと移動、幸徳秋水の墓地を訪れている。手元に幸徳秋水の墓の前に立つ大佛次郎の写真がある。宮地氏は『天皇の世紀』は大逆《たいぎゃく》事件《じけん》まで執筆することを知ったという。

膨大な史料と周到な現地取材を基本とする歴史ノンフィクションは地道な努力の積み重ねの上に成立する。

晩年、宮地佐一郎氏は病躯の中で執筆され、最後は筆談で会話する状況だった。『坂本龍馬全集』の五訂版、文庫本『龍馬の手紙』の改訂を望まれたが、果すことができなかった。

坂本龍馬研究には、「史料の真偽」「空白の期間の調査」「新史料の発掘」など様々な課題がある。筆者は宮地佐一郎氏から二十数年にわたりご指導いただいたが、道半ばである。

今回、本書で龍馬研究の一端を書いたが、宮地氏は黄泉の国でどのよう思われているのだろうか。ひとつでも龍馬の空白部分を埋めることが出来ていれば幸せである。

取材にご協力いただいた方々の芳名を記し、謝意を表します。（五〇音順）

岩下哲典氏（明海大学教授）
金野敬史氏（日野市立新選組のふるさと歴史館学芸員）
齋藤わか奈氏（清河八郎子孫）

谷　是氏　（土佐史談会副会長）
濵田美智子氏（濵田栄馬子孫）
浜田美登恵氏（浜田真潮子孫）
廣田幸記氏（公益財団法人清河八郎記念館館長）
保谷　徹氏（東京大学史料編纂所教授）
三谷萬佐雄氏（土佐史談会会員）
峯田元治氏（日本銃砲史学会常務理事）
本林義範氏（臨済宗国泰寺派・普門山全生庵）

また出版にあたり株式会社藤原書店の藤原良雄社長、小枝冬実さんにお世話になりました。
皆様ありがとうございました。

平成二十七年八月

小美濃清明

主要参考文献

宮地佐一郎編『坂本龍馬全集』増補四訂版、光風社出版、一九八八年
宮地佐一郎編『中岡慎太郎全集』勁草書房、一九九一年
宮地佐一郎編『龍馬の手紙』講談社学術文庫、二〇〇三年
土居晴夫著『坂本龍馬とその一族』新人物往来社、昭和六〇年
土居晴夫著『坂本龍馬の系譜』新人物往来社、二〇〇六年
岩下哲典著『高橋泥舟』教育評論社、二〇一二年
高村直助著『小松帯刀』吉川弘文館、二〇一二年
平尾道雄著『子爵谷干城傳』象山社、昭和五六年
藤本尚則著『青年坂本龍馬の偉業』敬愛会、昭和三二年
大川周明著『清河八郎』行地社、昭和二年
大佛次郎著『天皇の世紀』朝日新聞社、一九九七年
小山松勝一郎編『西遊草』平凡社、一九六九年
奈良本辰也・堀哲三郎『高杉晋作合集』新人物往来社、昭和四九年
芹田健太郎『日本の領土』中公叢書、二〇〇二年
内藤正中・金柄烈『竹島・独島』岩波書店、二〇〇七年
吉田常吉・藤田省三・西田太一郎『吉田松陰』岩波書店、一九七八年
川島正件著『川崎幾三郎翁傳』私家版、昭和一七年
平尾道雄著『間崎滄浪　殉国の詩人』保育社、一九七二年
谷　是編『高知県の不思議事典』新人物往来社、二〇〇六年
オフィス宮崎訳『ペリー艦隊日本遠征記』栄光教育文化研究所、一九九七年
岩崎彌太郎・岩崎彌之助　傳記編纂會　編集・発行『岩崎彌太郎日記』昭和五〇年
源了圓著『横井小楠研究』藤原書店、二〇一三年
田口英爾著『最後の箱館奉行の日記』新潮社、一九

九五年
杉浦梅潭著『杉浦梅潭目付記』杉浦梅潭日記刊行会、一九九一年
坂本保富著『幕末洋学教育史研究』高知市民図書館、二〇〇四年
林　英夫編『土佐藩戊辰戦争資料集成』高知市民図書館、二〇〇〇年
平尾道雄編『土佐維新史料　日記篇』高知市民図書館、平成三年
平尾道雄著『土佐藩』吉川弘文館、昭和四〇年
宮地佐一郎著『龍馬百話』文藝春秋、一九九一年
江藤淳・松浦玲編『氷川清話』講談社学術文庫、二〇〇〇年
小美濃清明編『宮地團四郎日記』右文書院、二〇一四年
所　荘吉著『図解古銃事典』雄山閣、昭和六二年
安斎　實著『砲術家の生活』雄山閣、平成元年
尾崎三良著『尾崎三良自叙略傳』中央公論社、昭和五一年
日本史籍協會編『再夢紀事・丁卯日記』東京大学出版會、昭和四九年
日本史籍協會編『続再夢紀事』東京大学出版會、昭和四九年
松尾正人著『維新政権』吉川弘文館、一九九五年
柴田宵曲編『幕末の武家』青蛙房、昭和四〇年
高松　昇著『平野富二の生涯』株式会社ＩＨＩ、二〇〇九年
横田達雄著『「維新土佐勤王史」のウソ・マコト』横田達雄発行、平成一二年
岩下哲典著『幕末日本の情報活動』雄山閣、平成二〇年
岩下哲典・小美濃清明編『龍馬の世界認識』藤原書店、二〇一〇年
小島英熙『山岡鉄舟』日本経済新聞社、二〇〇二年
牛山栄治『定本　山岡鉄舟』新人物往来社、昭和五一年
三岡丈夫編『由利公正傳』光融館、一九一六年
造幣局『造幣局沿革誌』大正一〇年
造幣局『造幣局六十年史』一九三一年
造幣局『造幣局百年史』一九七一年
造幣局『造幣局一二五年史』一九九七年
『続徳川実紀』経済雑誌社、明治三十九年

坂本家系図

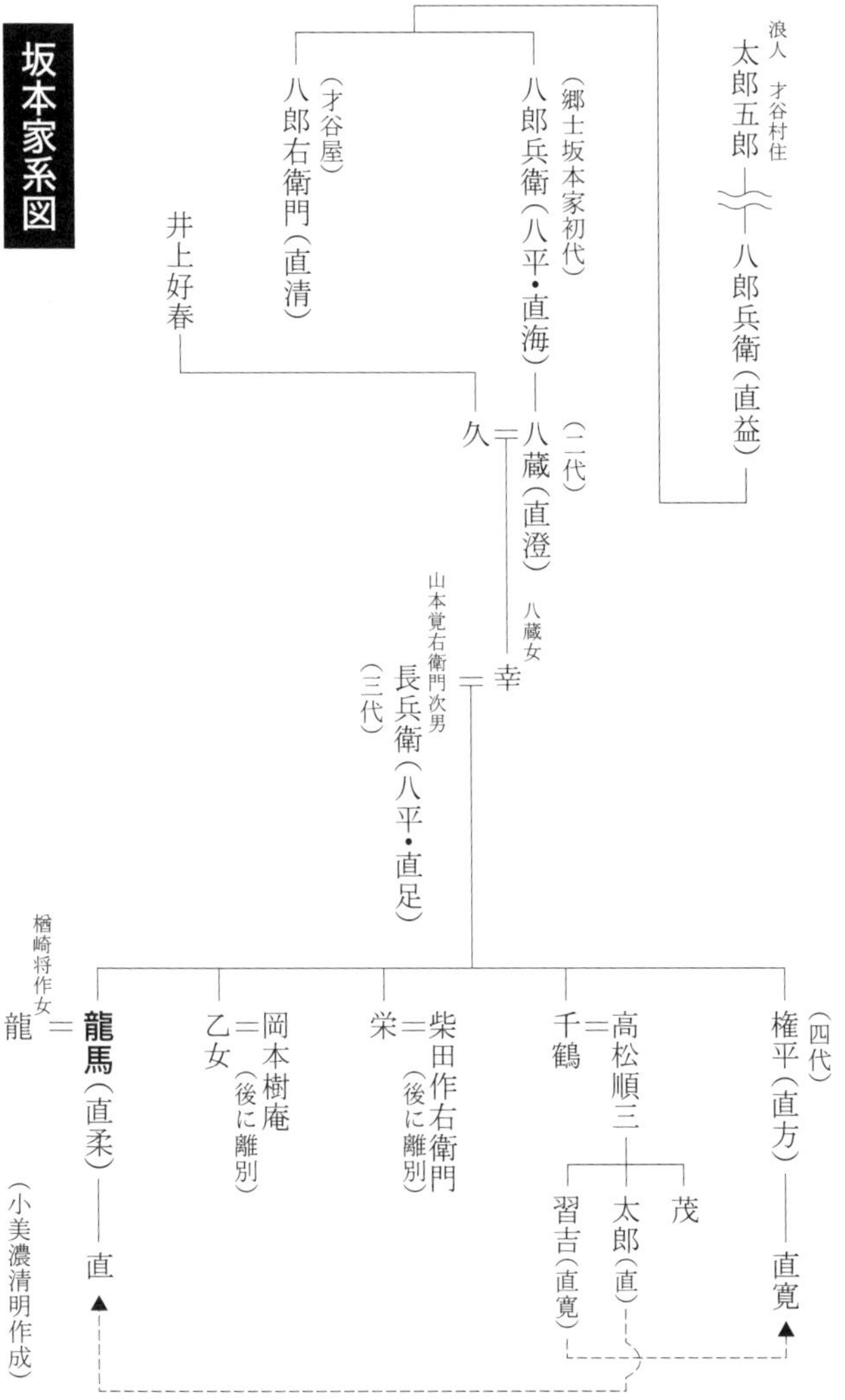
浪人 才谷村住
太郎五郎
八郎兵衛（直益）
八郎兵衛（八平・直海）
（郷士坂本家初代）
八郎右衛門（直清）
（才谷屋）
井上好春
久
八蔵（直澄）
（二代）
八蔵女
幸
山本覚右衛門次男
長兵衛（八平・直足）
（三代）
権平（直方）
（四代）
直寛
千鶴
高松順三
習吉（直寛）
太郎（直）
茂
栄
柴田作右衛門
（後に離別）
乙女
岡本樹庵
（後に離別）
龍馬（直柔）
直
楢崎将作女
龍
（小美濃清明作成）

三家の系図

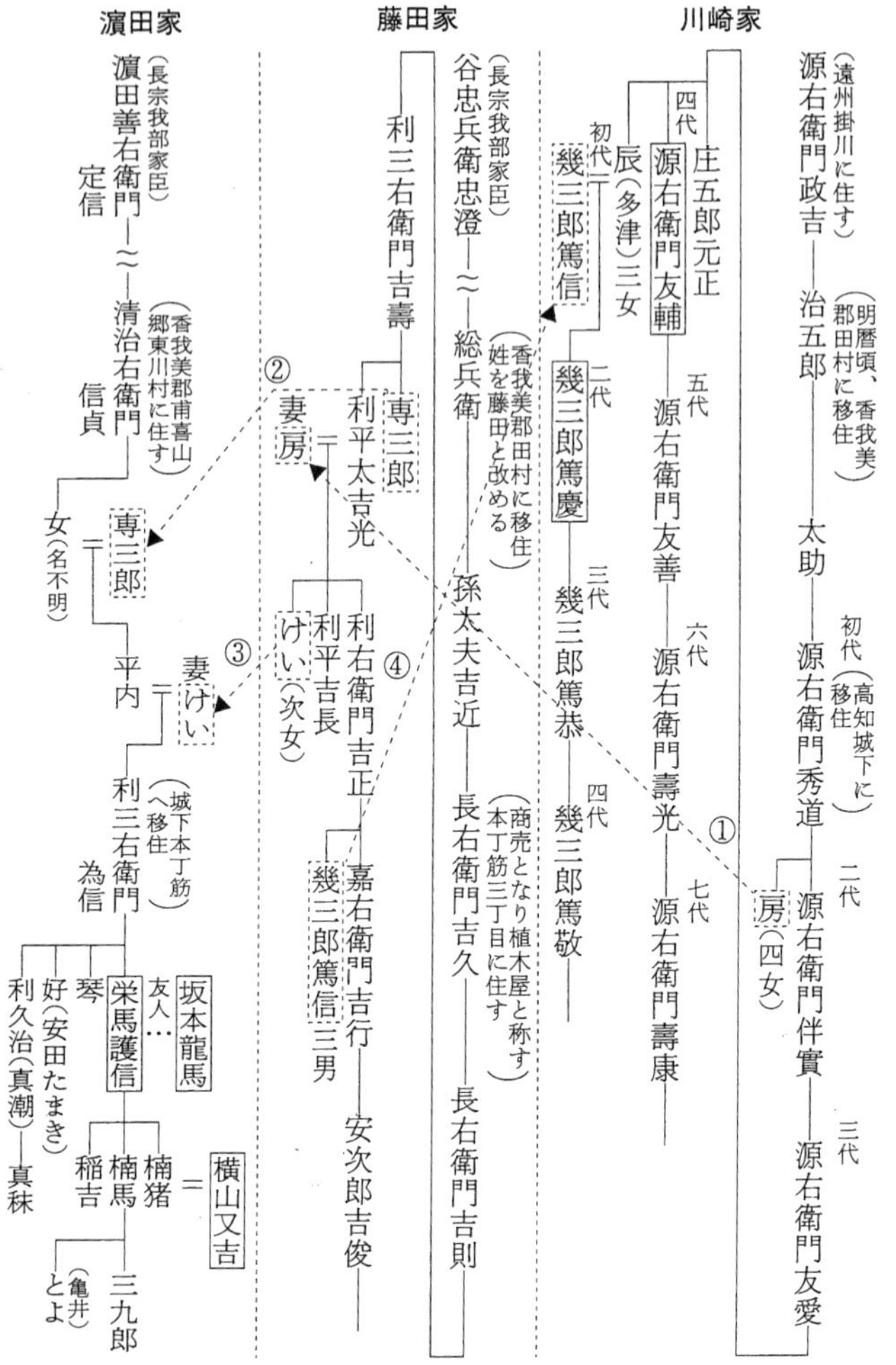

（濵田家資料より）

（『川崎幾三郎翁傳』より）

坂本龍馬略年譜（1835–1871）

西暦（和暦）	歳	龍馬とその周辺	日本・世界の動き
一八三五（天保6）	1	**11**-15 土佐国高知城下上町（現在の高知県高知市本丁筋一丁目）に生まれる。母幸が懐妊中、雲竜奔馬が体内に飛び込む夢を見たため「龍馬」と名づけたという。坂本家は三代前の直海が才谷屋から分家して、明和8年に新規郷士として取り立てられたのを初めとする。禄は百六十一石余。天保六年の**11**-15は正確には西暦で一八三六年**1**-3だが、便宜上ここに記す。	
一八三八（天保9）	4	**3**-19 後藤象二郎生まれる。 **4**-13 中岡慎太郎生まれる。 **10**-22 松平春嶽、越前藩主となる。	緒方洪庵適塾を開く。 **11**（清）林則徐を欽差大臣に任命。
一八三九（天保10）	5	**8**-20 高杉晋作生まれる。	**1**（清）林則徐、アヘンの提出を命じる。 **5**-14 蛮社の獄起こり、渡辺崋山と高野長英逮捕される。
一八四二（天保13）	8	**11**-1 高松太郎（小野淳輔、坂本直）生まれる。	**7**（清）清、イギリス間に南京条約締結。 **7**-24 幕府薪水給与令を布告する。
一八四三（天保14）	9	**12**-14 姪 春猪（兄 権平の娘、三好美登）生まれる。	

一八四四（弘化1）	10	7-7 陸奥宗光生まれる。	
一八四六（弘化3）	12	8-10（6月説あり）母幸死去。享年49。この年、高知城下高坂村楠山庄助私塾に入門するも、間もなく堀内某との口論により退塾。	
一八四八（嘉永1）	14	この年、小栗流宗家日根野弁治の道場に入り、剣を学ぶ。	
一八五一（嘉永4）	17	この年、父八平直足隠居する。兄権平直方、御廟所番代勤となる。	1-3 アメリカ船漂流民中浜万次郎らを護送して琉球に来航する。 川本幸民『気海観瀾広義』できる。
一八五二（嘉永5）	18	7-19 祖母久死去。享年73。	
一八五三（嘉永6）	19	3 日根野弁治より『小栗流和兵法事目録』一巻伝授される。-17 剣術修行のために一五カ月間国暇を許され江戸へ出発する。江戸では京橋桶町北辰一刀流千葉定吉道場に入門（推定）。 6 アメリカ艦浦賀来航の際土佐藩在府臨時雇として、品川海岸警備に当たる。 12-1 松代藩士佐久間象山砲術門人帳に入門と記載される。	3-20（清）太平天国、南京を占領。 6-3 アメリカ東インド艦隊長官ペリー、浦賀に来航する。-22 徳川家慶死去。享年61。 7-3 徳川斉昭海防参与となる。-18 ロシア使節プチャーチン、長崎に来航する。 9-24（仏）ニューカレドニアの領有を宣言。

一八五四（安政1）	20	**6**-23 剣術修行満期により江戸から帰国する。 **閏7** 日根野弁治より「小栗流兵法十二箇条・同二十五箇条」各一巻を伝授される。 **秋**頃、絵師の河田小龍に会う。	**1**-16 ペリー、浦賀に再び来航する。 **3**-3 日米和親条約結ばれる。下田・箱館の二港を開く。-27 吉田松陰密出国を図るが失敗し翌日自訴し、幕吏に捕縛される。 **11**-4 安政の大地震起こる。
一八五五（安政2）	21	**9**-20 兄権平、土佐藩西洋砲術家徳弘孝蔵に入門。 **12**-4 父八平直足死去。享年59。 この年河田小龍門下生近藤長次郎（上杉宗次郎）、長岡謙吉（今井純正）、新宮馬之助（寺内新左衛門）らと交友する。中岡慎太郎と知り合う。	**3**-4 イギリス・フランス艦隊下田来航。-12 イギリス艦隊箱館来航。 **10**-2 江戸で大地震。-24 長崎海軍伝習所発足。 **12**-23 日蘭和親条約結ばれる。
一八五六（安政3）	22	**2**-2 兄権平坂本家家督相続。 **8**-20 剣術修行一カ年を許され、江戸遊学に再度出立する。江戸では再び千葉定吉道場で修行。武市半平太、土佐藩郷士大石弥太郎らと同宿。 この年三姉乙女が土佐藩医の岡上樹庵に嫁ぐ。兄権平、徳弘孝蔵から砲術奥義の免許を受ける。	**4**-22 幕府、洋式帆船を製造する。-25 講武所できる。 **7**-21 アメリカ駐日総領事ハリス、下田に来航。 **10**-8 （清）アロー号事件起こる。-23 （清）イギリス軍、広州を攻撃しアロー号戦争（第二次アヘン戦争）始まる。（〜一八六〇）

一八五七（安政4）	23	8-4 土佐藩士山本（沢辺）琢磨の時計拾得事件起こり、山本琢磨逃亡する。 9 江戸修行期限満期となるが、一年延長を許可される。	5-26 下田条約（日米約定）締結。 6-17 阿部正弘死去。享年39。 10-21 ハリス、江戸城で徳川家定に謁見。 12-2 堀田正睦がハリスに通商貿易、公使江戸駐在を認める。-13 朝廷に上奏。-14 アメリカに対し江戸、大坂、兵庫、新潟の開港を約束する。
一八五八（安政5）	24	1 千葉定吉より「北辰一刀流長刀兵法目録」を受ける。 7-10 兄権平妻千野死去。享年38。 9-4 修行満期により江戸から高知に帰る。 11-23 土佐と伊予の国境立川関にて水戸浪士住谷寅之介、同浪士大胡聿蔵と面会する。	4-23 井伊直弼大老となる。 6-19 日米修好通商条約調印される。以後各国と条約を結ぶ。 7-4 徳川家定死去。享年35。-5 幕府、徳川斉昭らに急度慎や隠居を命じ、安政の大獄始まる。
一八五九（安政6）	25	9-20 徳弘孝蔵に入門し、洋式砲術を学習。 2-26 山内容堂、隠居。山内豊範、土佐藩を継ぐ。	5-28 箱館、横浜、長崎を開港する。 9-14 梅田雲浜獄死。享年44。 10-7 橋本左内処刑。享年26。頼三木三郎処刑。享年34。-27 吉田松陰処刑。享年30。

一八六〇（万延1）	26	7 武市半平太が、長州及び北九州を遍歴するのを見送る。 8-25 兄権平妻直死去。享年37。 1-19 勝海舟、遣米使節に随行し咸臨丸で浦賀出帆。	1-13 遣米使節出発する。 3-3 桜田門外の変。 11-6 〔米〕リンカーン、大統領に選出。
一八六二（文久2）	28	1-14 武市半平太の使者として萩に赴き、久坂玄瑞を訪ねる。-21 久坂より武市宛書簡を託される。-23 萩を辞去。 2-8 住吉の土佐陣営で土佐藩士安岡寛之助に会う。-29 大坂を廻って高知に帰着。 3-1 武市半平太に報告。-24 土佐藩士沢村惣之丞（関雄之助）と共に脱藩し下関に向かう。「肥前忠広」を受け取る。-25 高岡郡檮原村那須信吾宅に一泊後、宮野々関から伊予路を抜け瀬戸内海を渡る。 4-1 下関の廻船業清末藩御用商人白石正一郎を訪問し、九州に向かう。 6-11 大坂に入り、沢村惣之丞や土佐藩士望月清平、大石弥太郎と会う。 閏8下旬 土佐藩士間崎滄浪と会飲。 12-29 兵庫の勝海舟を訪う。 この年陸奥宗光（伊達源次郎、陽之助）と知遇を得る。 4-8 吉田東洋暗殺される。-29 高杉晋作幕吏随行員として上海に出発。 7-4 勝海舟、軍艦操練所頭取となる。-9 松平春嶽、政治総裁職となる。この月土佐藩入京する。 閏8-17 勝海舟、軍艦奉行並となる。この月武市半平太、他藩応接役となる。	1-15 坂下門外の変起こる。 4-23 島津久光、有馬新七以下数名を寺田屋で斬殺する。（寺田屋騒動） 6-10 勅使大原重徳下向する。 7-6 一橋慶喜、将軍後見職となる。 8-21 生麦事件起こる。 9-11 榎本武揚・西周・津田真道らオランダに留学する。この月、アーネスト・サトウが来日する。

一八六三（文久3）	29	1-1 勝海舟の命により千葉重太郎、近藤長次郎と大坂へ赴き、帰京する。-15 下田寄港。勝海舟が山内容堂と会見し、龍馬の脱藩の罪の赦免を請う。-23 龍馬江戸で順動丸に乗船し出帆。-28 兵庫着。 2 京都土佐藩邸で7日間謹慎。-25 脱藩の罪を赦される。 3 兄権平と京で会う。 4-2 幕府大目付大久保忠寛を訪問し、松平春嶽宛書簡を託される。-3 順動丸で品川出港し西上。-9 大坂着。-25 兵庫に一泊する。 5-16 勝海舟の使者として越前に赴き、松平春嶽を訪ねる。横井小楠の周旋もあり海軍塾舎建設援助資金千両の借用を申し出る。横井小楠の紹介で福井越前藩士由利公正（三岡八郎）と会飲。 6-29 京都越前藩邸の越前藩士村田巳三郎を訪い、海軍所援助金謝礼として勝海舟からの騎兵銃一丁を届け、議論する。 7-1 近藤長次郎と村田巳三郎を訪ねる。 8 月末から翌月初頭の間に大坂を発ち江戸へ向かう。 9-23 大久保忠寛を沢村惣之丞と訪ねる。 11-7 京で松平春嶽と面会する。 12-6 これより前、勝海舟門下の塾頭となる。上旬、江戸の土佐藩庁より召喚されるも応ぜず脱藩の身となる。龍馬の修行年限延長を求める勝海舟の書簡を龍馬自身が江戸の土佐藩邸に持参したが拒絶された。	1-1 （米）奴隷解放宣言。 4-23 幕府、攘夷期限を5月10日として朝廷に返答する。 5-10 長州藩外国船砲撃事件起こる。 7-1 （米）ゲティスバーグの戦い。（～-7）北軍が南軍を破る。 7-2 薩英戦争起こる。 8-17 土佐藩士吉村寅太郎らにより天誅組の変起こる。-18 八月十八日の政変起こる。 9-21 （清）上海にイギリス・アメリカ共同租界成立。 11-19 （米）リンカーン、ゲティスバーグで演説する。
一八六四（元治1）	30	2-14 四国連合艦隊の長州攻撃調停の幕命を受けた勝海舟に随行し兵庫発。-20 勝海舟の使者として熊本郊外の横井小楠を訪問。-23 長崎着。	1-15 徳川家茂上洛する。

一八六四（元治1）	30	4-4 調停不調により長崎を出発する勝海舟に随行する。-6 勝海舟の使者として熊本郊外の横井小楠を訪ね、小楠の甥二人を預かる。-13 大坂着。 6-17 幕艦黒龍丸(又は翔鶴丸)で下田に入る。この頃勝海舟に尊攘派激徒の蝦夷地移住計画を提出するも池田屋騒動により同志が死亡し断念。 7-28 幕艦翔鶴丸で大坂着。 8-5 頃、薩摩藩士吉井幸輔と入京、お龍を寺田屋に預ける。中旬、勝海舟の使者として西郷隆盛に会う。-23 勝海舟日記に最後の登場となる。 10-22 勝海舟に江戸召還命令。勝海舟は塾生を西郷隆盛に依頼し、高松太郎らは大坂薩摩屋敷に潜伏。 5-14 勝海舟、軍艦奉行となる。-29 幕府、神戸海軍操練所開設を公布。 9-11 勝海舟、西郷隆盛会談する。 11-2 西郷隆盛、征長軍参謀として広島に赴く。-10 勝海舟、軍艦奉行を罷免される。 12-4 中岡慎太郎、小倉で西郷隆盛に会う。	6-5 池田屋騒動起こる。 7-11 佐久間象山暗殺される。享年54。-19 蛤御門の変。久坂玄瑞ら戦死。享年25。 8-5 四国艦隊下関砲撃事件起こる。-13 幕府征長出陣を命じ、第一次長州征伐始まる。 11-11 蛤御門の変の責任を取り、長州藩の三家老が切腹する。 12-16 高杉晋作らが馬関会所等を襲撃する。
一八六五（慶応1）	31	3 江戸から上京する。 4-25 薩摩藩の胡蝶丸に乗船し、西郷隆盛、小松帯刀、大山彦八と大坂を出発、鹿児島に向かう。 5-1 鹿児島着。-16 鹿児島を出発する。-19 熊本郊外の横井小楠を訪ねる。-23 大宰府に到着する。-24 大宰府延寿王院で三条実美に謁見。-25 東久世通禧と会う。-27 五卿（三条実美、三条西季知、東久世道禧、壬生基修、四条隆謌）に謁見し薩長連合策を進言。-28 大宰府出発。	3-13 大村益次郎が長州藩の兵学校御用掛となる。-15 長州藩、軍制改革に着手する。 4-12 幕府諸藩に長州再征を発令する。

一八六五（慶応1）		閏5-5 白石正一郎宅で土佐藩士土方久元、安芸守衛と会談。-6 時田庄輔の案内で木戸孝允に会う。-21 木戸孝允と共に西郷隆盛の来着を待つも、中岡慎太郎のみ下関に来る。-29 下関から中岡慎太郎と上京する。 6-24 頃入京し西郷隆盛と会談。下関の上陸違約を糾弾。薩摩名義での長州のための武器購入を要請。 10-3 三田尻で小田村文助に会い、山口へ同道。西郷隆盛の依頼で兵糧米購入周旋及び薩摩藩が長州再征に従わないという情報を届けた。-21 木戸孝允と下関で会談し上京を促す。継母伊予死去。享年62。この月薩摩がユニオン号（桜島丸・乙丑丸）購入し、亀山社中で運用。 11 上旬近藤長次郎とユニオン号を下関で待ち、その後上京。-24 大坂出帆。11下旬亀山社中、長崎でプロシア商人チョルチーよりワイルウェフ号購入。 12 ユニオン号を長崎に回航。 閏5-11 武市半平太切腹。	4-9 〔米〕南軍総司令官リー将軍、アポマトックスで降伏し、南北戦争終結する。-14 〔米〕リンカーン大統領銃撃され、翌朝死亡。ジョンソン、大統領就任。 閏5-22 徳川家茂参内。 11-7 幕府彦根藩以下三一藩に出兵を命じ、紀州藩主徳川茂承を征長先鋒総督とする。 11-24 〔米〕ミシシッピ州、黒人法制定。
一八六六（慶応2）	32	1-1 長府藩主の内命により長府藩士印藤聿を介して下関福永専助方で長府藩士三吉慎蔵と対面。-19 伏見寺田屋に入る。-20 池内蔵太、新宮馬之助と京都薩摩藩邸の木戸孝允を訪問の後、小松帯刀、西郷隆盛と対面し痛論。-21 西郷隆盛、小松帯刀、薩摩藩士大久保利通、木戸孝允、龍馬で薩摩藩邸にて会談し薩長盟約を成立させる。-23 伏見寺田屋で伏見奉行所の捕り手に襲撃される（寺田屋事件）。-24 伏見薩摩藩邸に潜伏。-29 京都薩摩藩邸に入る。	6-7 大島口で開戦し、第二次長州征伐始まる。孝明天皇より再征の沙汰書が下される。-14 芸州口で開戦する。-16 石州口で開戦する。-17 小倉口で開戦する。-25 長州藩と英仏公使が接触する。

一八六六（慶応2）	32	2-5 薩長同盟の保証裏書。-29 京都出立。 3-5 薩船三邦丸で西郷隆盛、小松帯刀、三吉慎蔵、池内蔵太、中岡慎太郎、お龍と大坂を出発し鹿児島へ向かう。-10 鹿児島着。小松帯刀邸、後に吉井幸輔邸に入る。-16 観光に出発。-17 お龍と塩浸温泉で遊ぶ。-29 お龍と霧島に遊ぶ。 4-12 鹿児島帰着。 5-1 ユニオン号が鹿児島に到着し、亀山社中のワイルウェフ号沈没して池内蔵太らが死んだことを聞く。 6-2 ユニオン号でお龍と鹿児島を出発。-4 長崎着。お龍を下ろす。-14 下関着。ユニオン号は高杉晋作指揮下に入る。-17 ユニオン号を率いて高杉晋作の門司攻撃戦に参加し、小倉藩兵を撃破。-20 白石正一郎宅で高杉晋作と九州諸藩対策を議論。-28 薩摩藩士五代才助と会談し、大洲藩船いろは丸借船につき協議。 10 プロシア商人チョルチーより大極丸を購入。-28 大極丸受け取り。 12-15 頃、土佐藩探索係溝淵広之丞を木戸孝允に紹介する。 5-28 勝海舟、軍艦奉行復職。	7-20 徳川家茂死去。享年21。-28 芸州口の大野村付近で長州軍と幕府軍主力が戦闘する。 8-1 幕府軍、小倉城を焼いて撤退する。-21 将軍死去のため、征長停止の勅命が下る。 9-2 幕府と長州との休戦協定成る。 12-25 孝明天皇崩御。享年36。
一八六七（慶応3）	33	1 下関阿弥陀寺町本陣伊藤助太夫方に居住。-5 中岡慎太郎と対面。下旬から翌月上旬の間に、溝淵広之丞の周旋で、長崎の清風亭にて後藤象二郎と会う。この頃より才谷梅太郎の変名を使う。 2-10 お龍を伴い下関に帰る。 3-14 土佐藩船胡蝶丸で長崎に来た土佐藩参政福岡孝悌と後藤象二郎が会談し、海援隊設立が決まる。	1-9 明治天皇践祚。

一八六七（慶応3）

4 上旬、福岡孝悌と長崎で会見し、脱藩の罪を赦され、海援隊長に任命される。隊員約五〇名、「海援隊約規」を定める。-8 いろは丸長崎に来着。-19 龍馬自身が指揮するいろは丸が長崎出港し上坂。-23 備後鞆の浦沖合にていろは丸が紀州藩船明光丸に衝突され沈没。-26 明光丸船長高柳楠之助と交渉するも決裂。-30 鞆津より下関着。

5-13 長崎着。-15 いろは丸賠償談判開始。-29 薩摩藩代表五代才助の調停でいろは丸賠償談判解決する。

6-9 土佐藩船夕顔（水蓮）で長崎を出発して東上。-14 京に着き、中岡慎太郎、田中光顕と会談。河原町醤油商近江屋井口新助方に投宿。-22 三本木の料亭吉田屋で小松帯刀、西郷隆盛、大久保利通、後藤象二郎、福岡孝悌に、土佐藩家老寺村左膳が出席した薩土盟約を周旋する。

6-23 薩土盟約の修正案を後藤象二郎、土佐藩大監察佐々木高行らと協議。-26「薩土芸三藩約定」成立。

7-29 イカルス号事件により山内容堂宛松平春嶽書簡を託され、京都を出発し大坂へ向かう。

8-1 薩船三邦丸に乗船していた佐々木高行と共に大坂より高知に向かう。-2 須崎に入港していた土佐藩船夕顔の船中に潜伏する。-3 松平春嶽書簡を佐々木高行に託す。-12 土佐藩船夕顔で佐々木高行、松井周介、土佐藩士岡内重俊、イギリス外交官アーネスト・サトウらと須崎出港。-15 長崎に到着する。-20 木戸孝允と佐々木高行を会合させる。この月、佐々木高行にお龍を紹介。

一八六七（慶応3）	33	9-10 イカルス号事件決着。-15 ハットマン商会と小銃一三〇〇丁購入約定。-18 芸州藩船震天丸を借用し銃器を積載して長崎出発。-20 下関寄港。伊藤博文と会談。千屋寅之助、陸奥宗光、中島作太郎は別便で大坂へ向かう。-24 高知浦戸に帰港し、土佐藩重役渡辺弥久馬及び本山只一郎に銃器一〇〇〇丁を引き渡し。尾崎三良と共に坂本家に帰宅。二泊。この間に渡辺弥久馬らの周旋で脱藩罪赦免。 10-5 風浪により室戸岬で座乗船破損し須崎で土佐藩船胡蝶丸（空蝉）に乗り換える。-6 大坂着。-9 中島作太郎、岡内重俊、尾崎三良らを伴い入京、近江屋に投宿する。-10 福岡孝悌の紹介で幕府大目付永井尚志を訪問。-24 岡本健三郎と共に福井に向かう。-28 福井着。晦日に三岡八郎と会う。 11上旬「八義」（新政府綱領八策）を起草。-10 永井尚志を訪問。-15 近江屋にて、京都見廻役小笠原弥八郎の命を受けた見廻組与頭佐々木唯三郎以下七名に襲撃され闘死。-18 龍馬及び中岡慎太郎の葬儀。東山霊山に埋葬。 4 この月、陸奥宗光、海援隊に入隊。 10-3 土佐藩、大政奉還を建白する。 12-17 三岡八郎、上京する。-18 三岡八郎、御所へ騎馬参内し、新政府参与に任命される。-23 三岡八郎、御用金穀取扱となる。	10-14 幕府、大政奉還を上奏し、翌日勅許される。 12-7 兵庫開港する。-9 王政復古の大号令。総裁、議定、参与の三職を置く。-25 江戸薩摩藩邸焼き討ちされる。 （～一八六八）（仏）パリで万国博覧会開催。
一八六八（明治1）		閏4-29 海援隊解散。 1-7 太政官会議開かれる。-25 小松帯刀、入京する。-28 小松帯刀、新政府参与・外国事務掛に任命される。 2-14 西郷隆盛、東征大総督府参謀となる。-23 勝海舟、陸軍総裁を命じられる。	

一八六八（明治1）		3 上野景範、香港へ派遣。‐8 横井小楠、新政府に招聘される。‐14、15勝海舟、西郷隆盛、江戸城開城に付き田町薩摩藩邸で会見する。 閏4‐21 横井小楠、新政府参与となる。 5‐15 西郷隆盛、薩摩軍を指揮し彰義隊と交戦する。 6‐5 上野景範、香港より帰国。 8末 香港より造幣局機械、大阪天保山沖に到着。 9‐19 造幣局機械荷揚げ完了。	
一八六九（明治2）		6 坂本権平家は階級改革で四等士族上席、家禄五十石五斗三人扶持切米五百石を給せられる。 1‐5 横井小楠暗殺。享年61。‐20 薩長土肥四藩主、版籍奉還を建言する。 6‐4 木戸孝允、新政府参与となる。	
一八七〇（明治3）		2 刑部省によって箱館降伏で、人元見廻組今井信郎口述書が作成される。	
一八七一（明治4）		2‐25 大阪造幣局落成式典行われる。 7‐8 兄権平死去。享年58。 8‐20 特旨により高松太郎に龍馬の家名を立てさせ永世禄十五人扶持を下賜。高松太郎は坂本直と改名する。 2 薩長土三藩、親兵貢献を命じられる。 6‐25 西郷隆盛・木戸孝允、新政府参議となる。 11‐12 木戸孝允、全権副使として岩倉使節団に随行しアメリカへ出発。	

小美濃清明作成

や　行

ら　行

わ　行

ま 行

な 行

は 行

さ　行

た　行

か 行

主要人名索引

あ行

著者紹介

小美濃清明（おみの・きよはる）

1943年東京都生まれ。早稲田大学卒業。歴史研究家。幕末史研究会会長、全国龍馬社中副会長。著書『坂本龍馬と刀剣』『坂本龍馬・青春時代』『坂本龍馬と竹島開拓』『龍馬八十八話』『宮地團四郎日記』、共著『坂本龍馬大事典』『共同研究・坂本龍馬』『新選組研究最前線』『龍馬の世界認識』等。

龍馬《りょうま》の遺言《ゆいごん》 ――近代国家《きんだいこっか》への道筋《みちすじ》

2015年11月30日　初版第1刷発行 ©

著　者　小美濃清明

発行者　藤原良雄

発行所　株式会社 藤原書店

〒162-0041　東京都新宿区早稲田鶴巻町523

電　話　03（5272）0301

FAX　03（5272）0450

振　替　00160‐4‐17013

info@fujiwara-shoten.co.jp

印刷・製本　中央精版印刷

落丁本・乱丁本はお取替えいたします

定価はカバーに表示してあります

Printed in Japan

ISBN978-4-86578-052-9